Brigitte

Unsere besten Menüs

Brigitte

Unsere besten Menüs

Burgunde Uhlig
Annette Scheuren

Bassermann

Inhalt

Brigitte lädt ein –
ein Blick hinter die Kulissen

Ein schöner Abend zu Hause bei einem leckeren Essen mit der Familie oder guten Freunden – was für ein Glück! Für die Gäste, weil sie sich an einen liebevoll gedeckten Tisch setzen und einfach genießen dürfen. Und für die Gastgeber, weil sie die Menschen, die sie mögen, mal so richtig verwöhnen können.

Mit diesem Buch macht das besonders viel Spaß, denn es lässt beim Kochen und Bewirten erst gar keinen Stress aufkommen. Unser Rezept für einen gelungenen Abend: vielfach erprobte Gäste-Menüs passionierter Hobby-Köche, in der BRIGITTE-Versuchsküche nachgekocht und mit Profi-Tipps sowie Zeitplänen versehen, dazu Weinempfehlungen »aus erster Hand« von Top-Sommelière Natalie Lumpp. Nicht nur unserem Team im Fotostudio lief beim Kochen und Anrichten das Wasser im Mund zusammen: Wir haben schon beim Sortieren der Bilder insgeheim überlegt, wen wir denn demnächst mal zum Essen einladen könnten.

Der Wettbewerb

Entstanden ist dieses Buch mit Hilfe der »User« unserer Website www.brigitte.de. Die hatten wir in einem Wettbewerb nach ihren ganz persönlichen Lieblingsmenüs gefragt. Unsere Anforderungen: selbst kreierte Rezepte, drei Gänge, alles gut vorzubereiten und geeignet für ein Essen mit Gästen. Über 60 der eingeschickten Vorschläge klangen so gut, dass wir beschlossen, sie nachzukochen.

Natalie Lumpp, Sommelière aus Baden-Baden, gibt die Weinempfehlungen zu unseren Hauptgerichten. Norbert und Claudia Hamm und Anke Moog haben das Rennen in Bad Neuenahr gewonnen und die drei ersten Plätze belegt (Fotos von links nach rechts).

Das hieß für uns: Über 200 Gerichte zubereiten, vier Wochen lang jeden Mittag drei Menüs à drei Gänge probieren – und insgesamt zehn Kilo Gewichtszunahme bei den fünf Kolleginnen im BRIGITTE-Haushaltsressort. Allein deshalb waren wir dann doch froh, als wir mit Hilfe eines ausgeklügelten Punktesystems unsere 25 Favoriten ermittelt hatten.

Das große Finale

Die »Top Ten«, ausgewählt von einer hochkarätigen Jury, haben wir zum »Finale« beim Zwei-Sterne-Koch Hans Stefan Steinheuer in Bad Neuenahr eingeladen. Das Gepäck der acht Frauen und zwei Männer sah deutlich anders aus als das der anderen Hotelgäste: Da wurden Kühltaschen angeschleppt, Körbe mit frischen Kräutern und Plastikgefäße mit Eingelegtem behutsam transportiert.

Zehn Kochplätze waren vorbereitet, ein straffer Zeitplan gab vor, wann was zu präsentieren war, und die Juroren saßen mit gespitztem Bleistift und aufmerksamem Gaumen am Tisch. Wieder war ein Menü-Marathon zu absolvieren: 30 Gänge in drei Stunden!

Aussehen, Geschmack, Harmonie, Kreativität – wer hatte am besten gekocht? Ein letzter kritischer Blick über Vorspeisen, Hauptgerichte und Desserts, und die drei Gewinner standen fest: Anke Moog aus Düsseldorf (ihr Menü steht auf Seite 131) und das Ehepaar Hamm aus Trostberg (Seiten 126, 135).

Die Jury

Die Qual der Wahl hatten: BRIGITTE-Kolumnistin Lea Linster aus Frisange in Luxemburg, die beiden Jeunes Restaurateurs Barbara Schlachter-Ebert aus Pfronten und Hans Stefan Steinheuer aus Bad Neuenahr-Heppingen (Bild rechts), die Ökotrophologin Birgit Wenderoth und BRIGITTE-Verlagsleiter Jörg Plathner.

Das musste gefeiert werden – natürlich mit einem großartigen Menü, kreiert von Hans Stefan Steinheuer, und feinen Weinen von der Ahr. Beim Plaudern und Genießen bis in die frühen Morgenstunden waren Wettbewerbsstress und Anstrengung schnell vergessen, und es war am Ende völlig egal, wer gewonnen hatte. Denn gekocht haben alle einfach wunderbar, und dafür danken wir den Hobby-Köchen und -Köchinnen, die mitgemacht haben, ganz herzlich.

Jetzt dürfen Sie probieren: Gericht für Gericht, Menü für Menü. Die besten Rezepte finden Sie in Kapiteln nach Vorspeisen, Hauptgerichten und Desserts gegliedert – zum Kombinieren nach Lust und Laune – und zu Menüs von drei bis fünf Gängen zusammengestellt. Damit Sie auf den ersten Blick sehen, was ganz einfach gelingt und was etwas mehr Geschick verlangt, haben wir die Rezepte je nach Schwierigkeitsgrad mit einem ● ○ ○ ○ ○ bis fünf ● ● ● ● ● vollen Punkten gekennzeichnet.

Zu jedem Menü gibt es einen genauen Zeitplan, außerdem enthält das Menü-Kapitel viele schöne Dekovorschläge für Tisch und Tafel. Zum guten Schluss haben wir lauter praktische Tipps für Gastgeber parat: Woran Sie denken sollten, bevor Ihre Gäste eintreffen – damit erst gar kein Stress aufkommt. Bei so viel guter Vorbereitung kann eigentlich nichts schief gehen. Das Wichtigste bleibt: Kochen Sie mit Liebe, lassen Sie sich dabei richtig Zeit und vor allem – laden Sie die nettesten Gäste ein. Guten Appetit!

Die besten **Vorspeisen**

Ein feines Süppchen,

eine schaumige Mousse

oder ein frischer Salat –

eine kleine Vorspeise

ist der perfekte Auftakt

und macht Lust auf das,

Das Beste vorweg

was noch kommt.

Avocadosalat mit Riesengarnelen

Foto auf Seite 10

Für 4 Portionen

Ohne Wartezeit fertig in 30 Minuten

2 reife Avocados | Saft von einer Zitrone | 1 rote Paprikaschote | 8 Cocktailtomaten | 1/2–1 frische rote Chilischote | 4–5 EL Olivenöl | Salz | frisch gemahlener Pfeffer | 1 Bund Basilikum | 8 Riesengarnelen (roh, ohne Kopf und Schale) | 1 Knoblauchzehe | 1 kleiner Rosmarinzweig

Die Avocados halbieren, schälen und fein würfeln. Mit etwas Zitronensaft beträufeln.

Die Paprika putzen und fein würfeln. Die Tomaten achteln. Die Chilischote halbieren, entkernen (siehe Seite 22) und in sehr feine Streifen schneiden.

Alles vorsichtig vermischen und mit zwei bis drei Esslöffel Olivenöl, Salz, Pfeffer und Zitronensaft abschmecken. Im Kühlschrank mindestens eine Stunde durchziehen lassen.

Kurz vor dem Servieren gehacktes Basilikum unter den Avocadosalat mischen.

Die Riesengarnelen abspülen und putzen (siehe Seite 38). Mit Salz und Pfeffer würzen.

Die Garnelen zusammen mit der halbierten, ungeschälten Knoblauchzehe und dem Rosmarinzweig im restlichen Olivenöl zwei Minuten braten. Mit dem Avocadosalat anrichten und mit etwas Rosmarin garnieren.

Gebratener Saibling auf Kürbissalat

Für 4 Portionen

Ohne Wartezeit fertig in 30 Minuten

Etwa 500 g Muskat-Kürbis | Salz | 3–4 EL Weißwein-Essig | 100 g saure Sahne | 2 EL Traubenkernöl | 2–3 EL gehackter Dill | Zucker | 1–2 EL Kürbiskerne | 4 Saiblingfilets mit Haut à 100 g (ersatzweise Forellenfilets) | frisch gemahlener Pfeffer | 1 EL Butter | 1 EL Sonnenblumenöl | 1–2 EL Kürbiskernöl | evtl. Blattsalat zum Garnieren

Den Kürbis schälen, die Kerne entfernen und das Fruchtfleisch in dünne Scheiben hobeln. Mit Salz und zwei Esslöffel Essig mischen und mindestens 15 Minuten ziehen lassen.

Das Kürbisfleisch ausdrücken und mit saurer Sahne, Traubenkernöl und Dill vermischen. Mit Salz, restlichem Essig und Zucker abschmecken. Die Kürbiskerne in einer Pfanne ohne Fett anrösten.

Die Saiblingfilets salzen und pfeffern. Auf der Hautseite in Butter-Öl-Mischung knusprig anbraten, wenden und sofort vom Herd nehmen. In der Pfanne nachgaren lassen.

Die gebratenen Saiblingfilets auf dem Kürbissalat anrichten, mit Kürbiskernöl beträufeln und mit den angerösteten Kürbiskernen bestreuen. Eventuell mit etwas Blattsalat garnieren.

Salat und kross gebratener Fisch – **ein tolles Duo!**

Gegrillter Ziegenkäse an Eichblattsalat

Für 4 Portionen
Fertig in 20 Minuten

1 Eichblattsalat | 250 g Cocktailtomaten | 1/2 Granatapfel | 50 g Walnüsse | 2 EL Himbeer-Essig | 6 EL Walnussöl | 2 TL Agavendicksaft aus dem Reformhaus (oder 1 TL milder Honig) | 1 TL gehacktes Basilikum | Salz | frisch gemahlener Pfeffer | 4 kleine Ziegenfrischkäsetaler

Den Salat abspülen und trockenschleudern. Die Tomaten abspülen, trockenreiben und halbieren. Die Kerne des Granatapfels auslösen.

Die Walnüsse grob hacken und in einer Pfanne ohne Fett leicht anrösten. Abkühlen lassen.

Salat, Tomaten und Walnüsse auf vier Tellern anrichten.

Essig, Öl, Agavendicksaft und Basilikum zu einer Salatsoße verrühren und mit Salz und Pfeffer abschmecken.

Den Ziegenkäse auf ein mit Backpapier ausgelegtes Blech setzen und unter dem vorgeheizten Grill des Backofens etwa fünf Minuten grillen.

Die Salatsoße über den Salat träufeln und jeweils einen Ziegenkäsetaler darauf setzen. Mit den Granatapfelkernen bestreuen.

Rote-Bete-Suppe mit Ingwerklößchen

Für 4 Portionen
Fertig in 1 Stunde

Rote-Bete-Suppe: 3 Sternanis | 20 Korianderkörner | 1 TL Senfkörner | 500 g frische Rote Bete | 3 EL Butter | 1 EL Zucker | 3/4 l Gemüsebrühe | 100 g Schlagsahne | Salz | frisch gemahlener Pfeffer

Klößchen: 150 g Magerquark | 50 g Ziegengouda-Käse | 1 Stück frischer Ingwer (etwa 2 cm) | 2 Scheiben Toastbrot | 2 TL Butter | 1 Ei | Salz | frisch gemahlener Pfeffer | 3 EL Öl | 1/2 Bund frischer Koriander

Für die Suppe: Sternanis, Koriander- und Senfkörner in einen Teefilter aus Papier geben und den Beutel zubinden.

Die Rote Bete schälen und grob würfeln. Da die Rote Bete kräftig färbt, dabei lieber Gummihandschuhe tragen. Die Rote-Bete-Würfel in der heißen Butter kurz andünsten, dann den Zucker zugeben und leicht karamellisieren lassen.

Die Gemüsebrühe dazugießen und den Gewürzbeutel in die Suppe geben. Etwa 30 Minuten kochen, dann den Gewürzbeutel entfernen.

Für die Klößchen: Den Quark abtropfen lassen und den Ziegengouda fein reiben. Ingwer schälen und fein hacken, das Toastbrot fein zerkrümeln.

Die Butter mit dem Ei schaumig rühren. Den abgetropften Quark und den Ziegenkäse

Rote-Bete-Suppe mit Ingwerklößchen

Gegrillter Ziegenkäse an Eichblattsalat

unter die Butter rühren, dann Ingwer und geriebenes Toastbrot unterziehen. Mit Salz und Pfeffer würzen.

Aus der Masse etwa walnussgroße Klößchen formen und im Öl goldbraun braten. Die Ingwerklößchen warm stellen.

Die Suppe kurz vor dem Servieren mit dem Stabmixer pürieren und die Sahne dazugeben. Mit Salz und Pfeffer abschmecken.

Die Klößchen in die heiße Suppe geben und alles vor dem Servieren mit Korianderblättchen bestreuen.

Entenleber-mousse mit Portweingelee

Für 6 Portionen
Ohne Wartezeit fertig in 1 Stunde 30 Minuten

400 g Entenfleisch aus der Keule (ohne Knochen) | Salz | frisch gemahlener Pfeffer | 4 EL Olivenöl | 50 g Möhre | 2 Schalotten | 1 Thymianstängel | 3 Wacholderbeeren | 1 Lorbeerblatt | 4 EL Cognac oder Orangensaft | 200 ml Geflügelfond (aus dem Glas) | 100 g Entenleber | 5 Blatt weiße Gelatine | 200 g Schlagsahne | 225 ml roter Portwein | 2 Blatt rote Gelatine | marinierte Salatblätter und Kerbel zum Anrichten

Das Entenfleisch abspülen, trockentupfen und in Würfel schneiden. Mit Salz und Pfeffer würzen und in drei Esslöffel heißem Olivenöl anbraten.

Die Möhre schälen, die Schalotten abziehen und beides fein würfeln. Zusammen mit Thymian und den Gewürzen zum Entenfleisch geben, kurz mitbraten.

Den Cognac zufügen und verkochen lassen. Den Fond angießen und das Fleisch bei kleiner Hitze zugedeckt etwa 50 bis 60 Minuten weich schmoren; eventuell noch etwas Wasser oder Fond angießen.

Wenn das Fleisch gar ist, Thymian, Wacholderbeeren und Lorbeer herausnehmen.

Die Entenleber abspülen, trockentupfen und von Häuten und Sehnen befreien. Leber im restlichen Olivenöl anbraten und mit Salz und Pfeffer würzen.

Die Leber und das Fleisch zusammen sehr fein pürieren und durch ein feines Sieb streichen.

Die weiße Gelatine in kaltem Wasser einweichen. Die Sahne halbsteif schlagen und kalt stellen. 100 Milliliter Portwein einmal aufkochen lassen und die ausgedrückte Gelatine darin auflösen. Mit drei Esslöffel Entenpüree verrühren, dann die Portwein-Enten-Masse unter das restliche Entenpüree rühren.

Das Entenpüree in einem Eiswasserbad abkühlen lassen. Bevor die Masse ganz fest wird, die Sahne unterheben und alles mit Salz und Pfeffer abschmecken.

Eine Form mit Klarsichtfolie auslegen. Die Entenlebermousse einfüllen und glatt streichen. Im Kühlschrank mindestens zwei Stunden fest werden lassen.

Die rote Gelatine in kaltem Wasser einweichen. Den restlichen Portwein erwärmen und die ausgedrückte Gelatine darin auflösen.

Etwas abkühlen lassen und kurz vor dem Gelieren auf die Entenlebermousse geben. Im Kühlschrank mindestens eine Stunde fest werden lassen.

Aus der Entenlebermousse mit einem runden Ausstecher Kreise ausstechen oder Quadrate ausschneiden und auf einigen marinierten Salatblättern anrichten. Mit Kerbel garnieren.

Die Mousse schmeckt intensiver, wenn sie nicht ganz kalt serviert wird.

Forellenmousse auf Toast

Für 4 Portionen
Fertig in 20 Minuten

Forellenmousse: 250 g Schlagsahne | 2 geräucherte Forellenfilets (ohne Haut) | Salz | frisch gemahlener Pfeffer

Salat: 1 kleiner Lollo bionda | 2 EL Balsam-Essig | Salz | frisch gemahlener Pfeffer | Zucker | 3 TL frisch geriebener Meerrettich (oder aus dem Glas) | 5 EL Olivenöl

4 Scheiben Toastbrot | 50 g Forellenkaviar (Keta-Kaviar) | einige Blätter Basilikum zum Garnieren

Für die Forellenmousse: Die Hälfte der Sahne steif schlagen. Die Forellenfilets grob zerzupfen und mit der restlichen Sahne mit dem Stabmixer pürieren. Die geschlagene Sahne unter das Püree heben und mit Salz und Pfeffer abschmecken.

Den Salat putzen, abspülen, trockenschleudern und in mundgerechte Stücke zupfen. Essig, Salz, Pfeffer, eine Prise Zucker, Meerrettich und Öl zu einer Salatsoße verrühren. Den Salat darin schwenken und auf vier Teller verteilen.

Das Brot entrinden, eventuell toasten und schräg halbieren. Die Forellenmousse mit zwei Teelöffeln zu Nocken formen und auf das Brot setzen. Mit Forellenkaviar und Basilikum garnieren.

Die Brotecken auf dem vorbereiteten Salat anrichten.

Eine Mousse können Sie ähnlich schnell aus Räucherlachs oder gekochtem Schinken zaubern. Die Basis ist immer Schlagsahne, die zur Hälfte ungeschlagen mit gegartem Fisch oder Fleisch zusammen püriert wird. Darunter kommt geschlagene Sahne. Falls Ihnen die Mousse nicht fest genug ist, geben Sie, bevor die Schlagsahne untergehoben wird, zwei bis drei Blatt aufgelöste Gelatine (siehe Seite 37) unter die Masse.

Rauke-Feldsalat mit Croûtons

Für 4 Portionen
Fertig in 15 Minuten

200 g Feldsalat | 75 g Rauke | 4 Tomaten | 2 Stangen Staudensellerie | 2 Scheiben Toastbrot | 1 EL Butter | 6 EL weißer Balsam-Essig | Salz | frisch gemahlener Pfeffer | 1 EL körniger Senf | 8 EL Traubenkernöl | 1 EL rosa Pfefferbeeren

Beide Salatsorten gründlich abspülen (siehe Seite 33), trockenschleudern, die Raukeblätter eventuell halbieren. Tomaten und Sellerie abspülen und trockenreiben. Tomaten fein würfeln, Sellerie abziehen und in feine Scheiben schneiden. Alles auf vier Tellern anrichten.

Das Toastbrot entrinden und in kleine Würfel schneiden. In einer Pfanne in der heißen Butter goldbraun rösten.

Balsam-Essig, Salz, Pfeffer, Senf und Öl zu einer cremigen Salatsoße verschlagen.

Croûtons und rosa Pfefferbeeren auf dem Salat verteilen und die Soße darüber geben.

Gefüllte Lachsrollen

Für 4 Portionen
Fertig in 15 Minuten

2 EL Meerrettich (aus dem Glas) | 3–4 EL Frischkäse | 2 EL Zitronensaft | frisch gemahlener Pfeffer | 4 Scheiben Räucherlachs à etwa 60 g | evtl. 1 Stück frischer Meerrettich | rosa Pfefferbeeren | glatte Petersilie | 4–8 Blätterteigstangen (siehe rechts)

Meerrettich aus dem Glas mit Frischkäse und Zitronensaft verrühren. Mit Pfeffer abschmecken und auf die Lachsscheiben streichen. Aufrollen und den Lachs in dicke Scheiben schneiden.

Die Lachsrollen auf Tellern anrichten und eventuell mit frisch geriebenem Meerrettich, rosa Pfefferbeeren und Petersilienblättchen bestreuen. Blätterteigstangen dazu servieren.

Gebratener Spargel mit Garnelen

Für 4 Portionen
Fertig in 30 Minuten

Je 6 Stangen weißer und grüner Spargel | 5 EL Olivenöl | Salz | Zucker | 1 Bund Estragon | 2 Knoblauchzehen | Saft von 2 Orangen | 1/2 Vanilleschote | 75 g Rauke | 8 Riesengarnelen (roh, ohne Kopf und Schale) | 1 EL Butter | frisch gemahlener Pfeffer

Weißen Spargel schälen, grünen Spargel nur im unteren Drittel schälen, die Spargelenden abschneiden. Spargel halbieren. In zwei Esslöffel Olivenöl etwa zehn Minuten bissfest braten und mit Salz und Zucker würzen.

Estragon abspülen und trockenschütteln, einige Stängel beiseite legen, den Rest hacken. Die Knoblauchzehen abziehen und fein würfeln.

Den Orangensaft mit gehacktem Estragon, Knoblauch und ausgekratztem Vanillemark aufkochen und etwas einkochen lassen. Durch ein feines Sieb geben und noch warm mit zwei Esslöffel Olivenöl verrühren.

Rauke abspülen, trockenschütteln und auf eine Platte geben.

Die Garnelen am Rücken einschneiden und die schwarzen Darmfäden entfernen. Garnelen in Butter und dem restlichen Olivenöl anbraten und mit Salz und Pfeffer würzen.

Spargel und Garnelen auf der Rauke anrichten und alles mit der Orangenmarinade beträufeln. Mit Estragonblättchen bestreuen.

Gebratener Spargel mit Garnelen

Gefüllte Lachsrollen

Blätterteigstangen gibt es fertig zu kaufen, sie sind aber auch schnell aus TK-Blätterteig hergestellt. Angetaute Blätterteigscheiben länglich ausrollen und mit verquirltem Eigelb bestreichen. In ein bis zwei Zentimeter breite Streifen schneiden und mit grobem Salz, Sesam, Kümmel oder geriebenem Käse bestreuen. Die Teigstangen oben festhalten und ein paarmal in sich drehen. Den Blätterteig im vorgeheizten Backofen bei 225 Grad, Umluft 200 Grad, Gas Stufe 4 etwa zehn Minuten backen.

Penne mit Peperoni

Für 4 Portionen
Ohne Wartezeit fertig in 30 Minuten

500 g rote Paprikaschoten | 1/2 rote Chilischote | 250 g Penne (kurze Röhrennudeln) | Salz | 1 Schalotte | 2 Knoblauchzehen | 4 EL Olivenöl | 1 Bund glatte Petersilie | evtl. Olivenöl zum Beträufeln

Chilischoten sind höllenscharf und das nicht nur auf der Zunge, sondern auch an den Händen. Arbeiten Sie mit den scharfen Schoten nicht ohne Gummihandschuhe und vermeiden Sie unbedingt, mit Ihren Händen ins Gesicht oder gar in die Augen zu kommen.

Die Paprika halbieren, Kerne und Trennwände entfernen. Die Paprikahälften nebeneinander (mit der Hautseite nach oben) auf ein mit Alufolie ausgelegtes Backblech legen. Unter dem vorgeheizten Grill im Backofen etwa zehn Minuten grillen, bis die Haut schwarze Blasen wirft. Die Paprika in einen Gefrierbeutel geben, fest verschließen und abkühlen lassen.

Die Paprikahaut abziehen und das Fruchtfleisch in feine Streifen schneiden.

Die Chilischote längs halbieren und die Kerne entfernen (siehe links). Das Fruchtfleisch fein hacken.

Die Nudeln in Salzwasser nach Packungsanweisung bissfest kochen.

Inzwischen die Schalotte und den Knoblauch abziehen und fein würfeln. Zusammen mit der Chilischote im heißen Olivenöl bei kleiner Hitze andünsten und die Paprikastreifen dazugeben. Mit Salz abschmecken.

Die Petersilie abspülen, trockenschütteln und grob hacken.

Die Nudeln mit der Paprikasoße vermischen und die Petersilie darüber streuen. Sofort servieren. Eventuell noch zusätzlich mit etwas Olivenöl beträufeln.

Spargel mit Estragon-Vinaigrette

Für 4 Portionen
Fertig in 20 Minuten

750 g grüner Spargel | 1 TL Butter | 1 TL Zucker | Salz | 1 Schalotte | 75 ml kräftige Gemüsebrühe | 2 EL weißer Balsam-Essig | 1 EL Estragon-Essig | 1 TL Dijonaise (Senf und Mayonnaise) | 2 EL frisch gehackte Kräuter (Petersilie, Estragon, Schnittlauch) | frisch gemahlener Pfeffer | 2 EL Sonnenblumenöl

Den Spargel nur im unteren Drittel schälen, die Spargelenden abschneiden. In einem großen Topf etwa einen halben Liter Wasser zusammen mit Butter, Zucker und einer Prise Salz zum Kochen bringen. Den Spargel darin etwa zehn Minuten bissfest kochen. Herausnehmen und gut abtropfen lassen.

Die Schalotte abziehen und fein würfeln. Schalottenwürfel, Gemüsebrühe, die beiden Essige und die Dijonaise gut verrühren. Die Kräuter dazugeben, mit Salz und Pfeffer würzen und das Öl mit einer Gabel unterschlagen.

Die Vinaigrette über den lauwarmen Spargel geben und servieren.

Der Spargel schmeckt auch kalt und eignet sich gut für ein Büfett.

Friséesalat mit lauwarmer Senfsoße

Für 4 Portionen
Fertig in 20 Minuten

2 Eier | 1 Friséesalat | 80 g durchwachsener Speck | 1 Knoblauchzehe | 1 Schalotte | 2 EL Wein-Essig | 5 EL Sonnenblumenöl | Salz | frisch gemahlener Pfeffer | Zucker | 250 g Schlagsahne | 2 TL Senf | 2 Eigelb | Brotcroûtons (siehe rechts)

Die Eier neun Minuten hart kochen, abschrecken, abkühlen lassen, dann schälen und in Viertel schneiden. Den Salat putzen, abspülen, trockenschleudern und in mundgerechte Stücke zupfen.

Den Speck fein würfeln und ohne Fettzugabe in einer Pfanne knusprig braten. Auf Küchenkrepp abtropfen lassen.

Knoblauch und Schalotte abziehen und sehr fein würfeln. Zusammen mit Essig und Öl zu einer Salatsoße verrühren und mit Salz, Pfeffer und Zucker abschmecken. Den Salat darin wenden und auf vier Teller verteilen.

Die Sahne in einer Pfanne aufkochen, vom Herd nehmen und den Senf unterrühren. Die Eigelbe unter Rühren dazugeben und vorsichtig erwärmen, bis die Soße eindickt. Sofort vom Herd nehmen.

Die Senfsoße über den Salat geben und alles mit Brotcroûtons und Speckwürfeln bestreuen. Sofort servieren.

Spargel mit Estragon-Vinaigrette

Friséesalat mit lauwarmer Senfsoße

Brotcroûtons passen über viele Salate und Suppen und können aus Gemüsebeilagen manchmal sogar kleine vegetarische Hauptgerichte machen. Für unseren Friséesalat brauchen Sie auch welche: Fünf Scheiben Toastbrot entrinden und in Würfel schneiden. Drei Esslöffel Butter in einer Pfanne zerlassen und die Brotwürfel darin hellbraun braten. Mit etwas Salz bestreuen und heiß über den Salat geben. Brotcroûtons können Sie auch auf Vorrat machen und luftdicht verschlossen etwa eine Woche aufheben. Sie schmecken aber doppelt so gut, wenn sie kurz vor dem Servieren erhitzt werden.

Klare Tomatensuppe mit Polentablüten

Für 4 Portionen
Ohne Wartezeit fertig in 1 Stunde

Suppe: 1 Bund Suppengrün | 2 Knoblauchzehen | 1 Zwiebel | 500 g Tomaten | 3 EL Öl | 2 Dosen geschälte Tomaten à 800 g | 1/2 l Tomatensaft | 1/2 l Gemüsebrühe | je 1 TL Piment- und Pfefferkörner | 1 Lorbeerblatt | je 1/2 TL Rosenpaprika und Currypulver | je 1 1/2 TL Basilikum und Oregano (getrocknet) | Salz | frisch gemahlener Pfeffer | Tabasco | 3–4 Eiweiß | 1 Tasse Eiswürfel

Polentablüten: 1/4 l Gemüsebrühe | 100 ml Milch | frisch geriebene Muskatnuss | Salz | frisch gemahlener Pfeffer | 100 g Maisgrieß | 1 Bund Basilikum | 30 g frisch geriebener Parmesan-Käse

Für die Suppe: Das Suppengrün putzen und würfeln. Knoblauch abziehen und grob hacken. Die ungeschälte Zwiebel halbieren und die Schnittfläche auf der Herdplatte (oder in der Pfanne) dunkel anrösten. Eine Tomate beiseite legen, den Rest in Würfel schneiden.

Suppengrün und Knoblauch im heißen Öl andünsten. Die frischen Tomatenwürfel, Dosentomaten und die geröstete Zwiebel dazugeben. Tomatensaft und Gemüsebrühe zugießen. Die Gewürze und Kräuter dazugeben und alles 30 Minuten kochen lassen.

Die Suppe mit Salz, Pfeffer und Tabasco abschmecken und vollständig, am besten über Nacht, abkühlen lassen.

Eiweiße und Eiswürfel mischen. In die kalte Suppe geben, gut verrühren und langsam erhitzen. Zwei Minuten ohne Rühren kochen lassen. Ein großes Sieb mit einem Leinentuch auslegen und die Suppe durch das Sieb gießen. Nochmal mit Salz und Pfeffer abschmecken.

Die beiseite gelegte Tomate abziehen und die Kerne entfernen (siehe Seite 34). Das Fruchtfleisch in Spalten schneiden.

Für die Polentablüten: Brühe und Milch aufkochen und mit Muskat, Salz und Pfeffer würzen. Den Grieß einstreuen und etwa acht Minuten kochen lassen, dabei häufig umrühren.

Das Basilikum abspülen, trockenschütteln und acht Blätter beiseite legen, den Rest hacken. Den Parmesan-Käse und das gehackte Basilikum unter die Polenta rühren.

Den Polentabrei etwa 1 cm dick auf eine abgespülte Platte streichen und kalt werden lassen. Mit einem Plätzchenausstecher Blüten oder Sterne ausstechen.

Restliche Basilikumblättchen, Tomatenspalten und die Polentablüten in tiefe Teller geben und mit der heißen Suppe auffüllen.

Die klare Tomatensuppe herzustellen, erfordert ein bisschen Zeit. Machen Sie deshalb gleich das doppelte Rezept und frieren Sie die Suppe ein. Sie hält sich mindestens sechs Monate im Tiefkühler.

Eine feine klare
Suppe **passt in
jedes Menü**

Jakobsmuscheln auf mariniertem Fenchel

Für 4 Portionen
Fertig in 20 Minuten

2 kleine Fenchelknollen | Salz | 2 EL Butter | 2 EL Zucker | evtl. 2 EL Weißwein | evtl. 2 EL Pernod (Anisschnaps) | Saft von 2 Orangen | frisch gemahlener Pfeffer | 1–2 TL Zitronensaft | 8 ausgelöste Jakobsmuscheln (ohne Rogen) | 2 EL Olivenöl

Jakobsmuscheln gibt es beim Fischhändler meist als Muschelfleisch ohne Muschelschalen. Trotzdem müssen sie noch geputzt werden. Die weiße Nuss ist umgeben von einem Häutchen, das mit einem spitzen Messer eingeritzt und abgezogen werden sollte. Manchmal sitzt auch noch der kleine Knorpel am Muschelfleisch, der es in der Schale hält. Wenn Sie diesen fühlen, sollte er unbedingt entfernt werden. Der rote Rogen kann mitgegessen werden, ist aber nicht jedermanns Sache. Jakobsmuscheln müssen à la minute gebraten und sofort serviert werden; sie ziehen sonst sehr viel Wasser und schmecken fad.

Die Fenchelknollen halbieren und die harten Strünke herausschneiden, das Fenchelgrün zur Seite legen. Den Fenchel in dünne Scheiben hobeln. In kochendem Salzwasser etwa zwei Minuten kochen und in Eiswasser abkühlen lassen (abschrecken).

Die Butter in einer Pfanne schmelzen, den Zucker zugeben und unter Rühren karamellisieren lassen. Eventuell Weißwein, Pernod und den Orangensaft dazugeben und die Soße etwas einkochen lassen. Mit Salz, Pfeffer und Zitronensaft abschmecken, etwas gehacktes Fenchelkraut dazugeben. Die Fenchelscheiben kurz in der Soße schwenken und darin abkühlen lassen.

Zum Anrichten die Fenchelscheiben mit der Soße auf vier Teller verteilen.

Die Jakobsmuscheln putzen (siehe links) und im Olivenöl von beiden Seiten kurz braten, mit Salz und Pfeffer würzen und je zwei der gebratenen Muscheln auf dem marinierten Fenchel anrichten. Sofort servieren.

Karottensuppe mit Koriander

Für 4 Portionen
Fertig in 30 Minuten

1 Zwiebel | 300 g Möhren | 1 1/2 TL gemahlener Koriander | 2 EL Butter | 1/4 l Gemüsebrühe | 1/4 l Milch | Salz | frisch gemahlener Pfeffer | 150 g Vollmilchjoghurt | Koriandergrün zum Dekorieren

Die Zwiebel abziehen und fein würfeln. Die Möhren schälen und in Stücke schneiden. Das Gemüse und einen Teelöffel Koriander in der heißen Butter etwa zehn Minuten bei mittlerer Hitze unter Rühren anbraten.

Die Gemüsebrühe dazugießen und zehn Minuten kochen lassen. Alles mit dem Stabmixer pürieren. Die Milch dazugeben und die Suppe mit Salz und Pfeffer würzen. Noch einmal aufkochen lassen. Wenn die Suppe zu sämig ist, eventuell etwas Wasser, Brühe oder Milch unterrühren.

Den Joghurt mit Salz, Pfeffer und etwas gemahlenem Koriander würzen und einen Klecks davon auf jede Portion Suppe geben. Mit Korianderblättchen bestreuen. Den restlichen Joghurt separat zur Suppe servieren.

Raukesalat mit Erdnuss-Vinaigrette

Für 4 Portionen
Fertig in 30 Minuten

1 großes Bund Rauke | 1/2 Salatgurke | 3 Tomaten | je 1/2 gelbe und rote Paprikaschote | 1/2 Chilischote | 1 Knoblauchzehe | 1 EL Erdnussbutter ohne Stücke | 3 EL Balsam-Essig | 2 EL Olivenöl | 3 EL Apfelsaft | Salz | frisch gemahlener Pfeffer | 1 EL Honig | Zitronensaft | 2 EL geröstete Erdnüsse

Rauke waschen und trockenschleudern. In der Mitte einer großen Platte anrichten.

Die Gurke so abschälen, dass Streifen entstehen. Gurke in Scheiben schneiden. Die Tomaten abspülen, trockenreiben und quer in Scheiben schneiden. Tomaten- und Gurkenscheiben dachziegelartig um den Salat legen.

Die Paprikaschoten abspülen, trockenreiben und die Kerne und weißen Trennwände entfernen. Das Fruchtfleisch in sehr feine Würfel schneiden und über den Salat streuen.

Die Chilischote sehr fein schneiden (siehe Seite 22), Knoblauch abziehen und zerdrücken. Zusammen mit Erdnussbutter, Essig, Olivenöl und Apfelsaft mit dem Stabmixer zu einer glatten Creme verarbeiten. Mit Salz, Pfeffer, Honig und Zitronensaft abschmecken.

Kurz vor dem Servieren den Salat mit der Vinaigrette beträufeln und mit den Erdnusskernen bestreuen.

Vinaigrette lässt sich gut auf Vorrat machen. Eine einfache Vinaigrette aus Essig, Öl und Gewürzen hält sich im Schraubdeckelglas mindestens eine Woche im Kühlschrank. Sind Zwiebeln, Knoblauch oder Kräuter dabei, reduziert sich die Haltbarkeit auf maximal zwei Tage. Auch sahnige Salatsoßen sollten Sie nicht länger aufheben.

Rukesalat mit Pinienkernen

Für 4 Portionen
Fertig in 15 Minuten

300 g Rauke | 2 EL Pinienkerne | 2 EL Balsam-Essig | 4 EL Olivenöl | Salz | frisch gemahlener Pfeffer | 2 EL grob geraspelter Parmesan-Käse

Die Rauke abspülen, trockenschleudern und in mundgerechte Stücke zupfen. Die Pinienkerne in einer Pfanne ohne Fett anrösten und abkühlen lassen. Essig und Öl mit einer Gabel zu einer Salatsoße verschlagen, mit Salz und Pfeffer würzen.

Die Rauke kurz vor dem Servieren mit der Salatsoße vermischen und mit Pinienkernen und Parmesanspänen bestreuen.

Parmesanspäne kann man am besten mit einem Sparschäler von einem nicht zu kleinen Stück Käse hobeln.

Feldsalat-Rahmsüppchen mit Croûtons

Für 4 Portionen
Fertig in 20 Minuten

1 Zwiebel | 50 g fein gemahlener Grünkern | 1 EL Butter | 3/4 l Gemüsebrühe | 130 g Feldsalat | 150 g Schlagsahne | Salz | frisch gemahlener Pfeffer | frisch geriebene Muskatnuss | 2 Scheiben Toastbrot | 1 Knoblauchzehe | 2 EL Butter | rosa Pfefferbeeren

Die Zwiebel abziehen und fein würfeln. Zusammen mit dem Grünkern etwa vier Minuten in der heißen Butter dünsten. Die Gemüsebrühe dazugießen und die Suppe zehn Minuten kochen lassen.

Den Feldsalat gründlich abspülen (siehe rechts), trockenschütteln, einige Blätter beiseite legen, den Rest grob zerkleinern und zur Suppe geben. Die Schlagsahne halbsteif schlagen, ein Drittel beiseite stellen, den Rest zur Suppe geben. Die Suppe mit dem Stabmixer schaumig aufschlagen und mit Salz, Pfeffer und Muskat würzen.

Das Toastbrot entrinden und in Würfel schneiden. Zusammen mit dem abgezogenen Knoblauch in der heißen Butter goldbraun rösten. Auf Küchenkrepp abtropfen lassen.

Die Suppe in tiefe Teller geben und mit Croûtons, den beiseite gelegten Salatblättern, restlicher geschlagener Sahne und rosa Pfefferbeeren garnieren.

Feldsalat-Rahmsüppchen mit Croûtons

Raukesalat mit Pinienkernen

Feldsalat aus Freilandanbau schmeckt besonders gut und macht nicht so schnell schlapp wie seine Verwandten aus dem Treibhaus. Er heißt übrigens je nach Region auch Rapunzel oder Sonnenwirbele. Tückisch am Freilandsalat ist der Sand, der sich an den kleinen Wurzeln und zwischen den Blättern versteckt. Deshalb ist es ganz wichtig, diesen Salat so lange im Wasser zu spülen, bis wirklich der ganze Sand verschwunden ist. Das Gleiche gilt übrigens auch für den kräftigen Freilandspinat.

Ziegenkäse in Zucchinistreifen

Für 4 Portionen
Fertig in 30 Minuten

5 kleine Tomaten | 2 EL Gemüsebrühe | 6 EL dunkler Balsam-Essig | 4 EL heller Balsam-Essig | 2 EL Olivenöl | Salz | frisch gemahlener Pfeffer | Zucker | 3 Stängel Basilikum | 1–2 kleine Zucchini | 4 Ziegenfrischkäsetaler à 60 g | kleine Römersalatblätter zum Dekorieren

Die Tomaten überbrühen, die Haut abziehen, Tomaten entkernen (siehe unten). Das Tomatenfleisch fein würfeln.

Die Tomatenwürfel mit der Gemüsebrühe, den beiden Essigsorten und dem Öl erwärmen. Die Soße mit Salz, Pfeffer und Zucker abschmecken. Die Basilikumblätter fein zupfen und unter die Soße mischen.

Die Zucchini in sehr dünne Streifen schneiden (z. B. mit dem Sparschäler) und die Streifen mit Salz und Pfeffer würzen. Jeweils zwei bis drei Streifen um einen Ziegenkäsetaler wickeln und eventuell mit einem kleinen Holzspieß feststecken.

Die Käsetaler im vorgeheizten Backofen bei 220 Grad, Umluft 200 Grad, Gas Stufe 3–4 etwa fünf Minuten überbacken.

Salatblätter abspülen und trockenschleudern.

Die Soße auf vier Teller verteilen, jeweils einen Ziegenkäsetaler darauf setzen und mit Salatblättern dekorieren. Sofort servieren.

Tomaten in der feinen Küche werden ohne Haut verwendet. So geht's am schnellsten: Tomaten am Stiel- und Blütenansatz kreuzweise einritzen und mit kochendem Wasser überbrühen. Im Wasser lassen, bis die Haut platzt. Dann Tomaten kalt abspülen und die Haut abziehen. Sollen auch die Kerne entfernt werden, Tomaten quer halbieren, die Kerne mit einem Löffel herauskratzen und die Tomaten mit der Schnittfläche nach unten auf Küchenkrepp abtropfen lassen.

Gorgonzola-mousse mit Portweinbirnen

Für 4 Portionen
Ohne Wartezeit fertig in 25 Minuten

2 Blatt weiße Gelatine | 200 g Gorgonzola (italienischer Blauschimmelkäse) | 250 g Speisequark (20 %) | 2 EL gehackte Walnüsse | 2 Schalotten | 100 ml Portwein | Zucker | Salz | 2 reife Birnen | Zitronensaft | 50 g Walnusshälften | 1 Beet rote Kresse

Die Gelatine in kaltem Wasser einweichen. Gorgonzola mit einer Gabel zerdrücken und mit dem Quark verrühren. Die gehackten Walnüsse unterheben.

Die Gelatine auflösen (siehe rechts) und unter die Käsemasse rühren. Im Kühlschrank zwei Stunden fest werden lassen.

Die Schalotten abziehen und fein würfeln. Zusammen mit dem Portwein auf die Hälfte einkochen lassen. Durchsieben und mit etwas Zucker und Salz abschmecken.

Die Birnen abspülen, trockenreiben und die Kerngehäuse mit einem Apfelausstecher entfernen. Die Birnen in feine Scheiben schneiden und mit wenig Zitronensaft beträufeln.

Die Birnenscheiben fächerartig auf Teller legen und mit der Portweinsoße beträufeln. Aus dem Gorgonzolamus Nocken ausstechen und jeweils eine Nocke auf die Birnen setzen. Mit Walnusshälften und Kresse bestreuen.

Gurkensuppe mit Räucherlachs

Für 4 Portionen
Fertig in 20 Minuten

1 Salatgurke | 1 Schalotte | 1 EL Butter | 1/2 l Gemüsebrühe | Salz | Cayennepfeffer | gemahlener Koriander | 50 g Räucherlachs | 1/2 Bund Dill | 2 EL Crème fraîche

Die Gurke schälen und die Kerne entfernen. Das Fruchtfleisch in feine Scheiben schneiden. Schalotte abziehen und fein würfeln.

Gurke und Schalotte in der heißen Butter bei kleiner Hitze andünsten. Die Gemüsebrühe dazugießen und alles mit Salz, Cayennepfeffer und Koriander würzen. Die Suppe im geschlossenen Topf bei mittlerer Hitze etwa zehn Minuten kochen lassen.

Den Lachs in feine Streifen schneiden, den Dill abspülen, trockenschütteln und in Fähnchen zupfen.

Die Gurkensuppe mit dem Stabmixer pürieren und die Crème fraîche unterrühren.

Die Suppe vor dem Servieren noch einmal erwärmen. Mit den Lachsstreifen und dem Dill bestreuen und sofort servieren.

Statt Lachsstreifen schmeckt auch anderer Räucherfisch, z. B. Forellenfilets, Heilbutt oder Makrelenfilets, in der Gurkensuppe.

Gurkensuppe mit Räucherlachs

Gorgonzolamousse mit Portweinbirnen

Gelatine, egal ob Blattgelatine oder gemahlene, wird immer in kaltem Wasser eingeweicht. Blattgelatine geben Sie dann tropfnass in einen kleinen Topf und lösen Sie bei kleiner Hitze auf. Eingeweichte, gemahlene Gelatine lässt sich mit etwas heißem Wasser ebenso bei kleiner Hitze in einem Topf oder auf dem heißen Wasserbad auflösen. Gelatine niemals kochen lassen, dann verliert sie ihre Gelierkraft. Wenn Sie ohnehin für Ihr Rezept noch Flüssigkeit, z. B. Wein oder Fruchtsaft brauchen, lösen Sie die eingeweichte Gelatine darin auf. Die pflanzliche Alternative zur Gelatine ist Agar-Agar; beachten Sie bitte die besonderen Zubereitungshinweise. Sie bekommen es in Naturkostläden oder im Reformhaus.

Safrangarnelen auf Tomaten-Rauke-Salat

Für 4 Portionen
Fertig in 30 Minuten

500 g Tomaten | 1 Bund Rauke | 1–2 TL Balsam-Essig | 8 Riesengarnelen (roh, ohne Kopf und Schale) | 2 EL Olivenöl | 1 Knoblauchzehe | 1/2–1 Päckchen Safranfäden | Salz | frisch gemahlener Pfeffer | 1 1/2 EL Butter | evtl. 3–4 EL Pernod (Anisschnaps)

Die Tomaten abziehen, entkernen (siehe Seite 34) und in Würfel schneiden. Auf einem Sieb abtropfen lassen.

Die Rauke abspülen, trockenschütteln, auf kleine Schüsseln oder Teller verteilen und mit etwas Balsam-Essig beträufeln.

Die Garnelen am Rücken einschneiden und die schwarzen Darmfäden entfernen. Die Garnelen auf Holzspieße stecken oder wie unten beschrieben zur Hälfte einschneiden (Schmetterlingsschnitt). Im heißen Olivenöl von beiden Seiten etwa zwei Minuten braten. Knoblauch abziehen und zerdrücken. Knoblauch und Safran zu den Garnelen geben und mit Salz und Pfeffer abschmecken. Warm stellen.

Die Butter in der benutzten Pfanne schmelzen, eventuell den Pernod dazugeben und etwas einkochen lassen. Die Tomatenwürfel darin kurz erwärmen und mit Salz und Pfeffer abschmecken. Die Tomaten auf der Rauke anrichten und die Riesengarnelenspieße oder die »Garnelenschmetterlinge« dazulegen.

Schmetterlingsschnitt ganz einfach: Garnelen mit einem scharfen Messer zur Hälfte einschneiden, dabei die schwarzen Darmfäden gleich entfernen. Wenn die Garnelen gebraten werden, rollt sich das Garnelenfleisch nach außen und die Garnelen sehen aus wie Schmetterlinge (siehe auch Foto Seite 10) – einfach hübsch!

Für Augen und Gaumen gleichermaßen ein Vergnügen!

Chicoréesalat mit Frisée und Physalis

Für 4 Portionen
Fertig in 15 Minuten

4 Chicorée | 1/2 Friséesalat | 100 g Physalis (Kapstachelbeeren) | 1 TL mildes Currypulver | 1 TL gehackter Dill | 1/2 TL Salz | 1 TL Zitronensaft | 1 EL Öl | 200 g saure Sahne

Chicorée in Blätter teilen, abspülen und trockentupfen. Friséesalat abspülen und trockenschütteln. Die Physalis etwas aus den Blatthüllen lösen und abspülen.

Currypulver, Dill, Salz, Zitronensaft, Öl und saure Sahne mit einem Schneebesen zu einer cremigen Soße verrühren.

Die Chicoréeblätter und den Friséesalat auf vier Teller verteilen und die Soße darüber geben. Die Physalis auf dem Salat verteilen.

Der Salat schmeckt statt mit Frisée auch mit Portulak sehr gut.

Senf-Champagner-Süppchen

Für 4 Portionen
Fertig in 45 Minuten

2 Schalotten | 1 EL Butter | etwa 150 ml Champagner oder guter Winzersekt | 3/4 l Hühnerfond | 500 g Schlagsahne | je 1/2–1 EL süßer, mittelscharfer und Pommery-Senf | Salz | frisch gemahlener Pfeffer | 4 ausgelöste Jakobsmuscheln (ohne Rogen) | 2 EL Olivenöl | 1/2 Bund Kerbel

Die Schalotten fein würfeln und in der Butter andünsten. 100 ml Champagner zugießen und etwas einkochen lassen.

Den Hühnerfond und die Sahne hinzufügen und die Flüssigkeit auf die Hälfte einkochen lassen. Durch ein Sieb gießen.

Die drei Senfsorten dazugeben und die Suppe mit Salz, Pfeffer und restlichem Champagner abschmecken.

Die Jakobsmuscheln putzen (siehe S. 28) und im Olivenöl von jeder Seite etwa zwei Minuten braten. Mit Salz und Pfeffer würzen.

Nebenbei die Suppe mit dem Stabmixer aufschäumen, in vorgewärmte Teller oder Suppentassen geben und mit jeweils einer frisch gebratenen Jakobsmuschel und einigen Kerbelblättchen servieren.

Senf-Champagner-Süppchen
Chicoréesalat mit Frisée und Physalis

Je edler die Zutaten, desto besser der Geschmack. Dieses Prinzip gilt auch für unsere Senf-Champagner-Suppe. Zwar wird der Champagner gekocht, trotzdem bleibt sein feiner Geschmack erhalten. Für dieses köstliche Süppchen sollten Sie keinesfalls einen billigen Sekt nehmen.

Avocadomousse mit Dinkelbrötchen

Für 4 Portionen
Ohne Wartezeit fertig in 45 Minuten

Brötchen: 550 g mittelfein gemahlenes Dinkelmehl | 1 Päckchen Trockenhefe | 2 EL Öl | 1 TL Salz | Fett für die Förmchen

Mousse: 1 1/2 reife Avocados | Saft von einer Zitrone | 1 Knoblauchzehe | 2 EL Crème fraîche | 4 Blatt Gelatine | Salz | frisch gemahlener Pfeffer | 1 Tomate | Fett für die Förmchen

Salat: 150 g Rauke oder gemischter Blattsalat | 2–3 EL Traubenkernöl | 1 EL Mandelöl | 1 EL Himbeeressig | Salz | frisch gemahlener Pfeffer | Zucker

Für die Brötchen: Dinkelmehl mit der Trockenhefe vermischen und zusammen mit dem Öl, 400 ml Wasser und dem Salz mit den Knethaken des Handrührers verrühren.

Den Teig in zwölf gefettete Muffinförmchen füllen und zugedeckt an einem warmen Ort etwa 30 Minuten gehen lassen.

Im vorgeheizten Backofen bei 200 Grad, Umluft 170 Grad, Gas Stufe 3 etwa 25 Minuten backen oder den aufgegangenen Teig kalt stellen und die Brötchen erst kurz vor dem Servieren backen.

Für die Mousse: Avocados schälen, entkernen und zusammen mit etwas Zitronensaft, der abgezogenen Knoblauchzehe und Crème fraîche mit dem Stabmixer fein pürieren.

Gelatine in kaltem Wasser einweichen und auflösen (siehe Seite 37). Etwas vom Avocadopüree mit der aufgelösten Gelatine verrühren, dann den Rest unterheben. Alles mit Salz, Pfeffer und dem restlichen Zitronensaft abschmecken.

Die Tomate abziehen, entkernen (siehe Seite 34) und das Fruchtfleisch in kleine Würfel schneiden.

Die Hälfte der Avocadomasse auf vier gefettete Espresso-Tassen oder andere Förmchen verteilen. Die Tomatenwürfel darauf legen und die restliche Avocadomasse hinzugeben. Im Kühlschrank mindestens drei Stunden fest werden lassen.

Den Salat abspülen und trockenschleudern. Aus Ölen, Essig, Salz, Pfeffer und Zucker eine Salatsoße rühren. Mit dem Salat vermischen und auf vier Tellern anrichten.

Die Avocadomousse kurz in heißes Wasser stellen und aus den Tassen stürzen. Auf dem Salat anrichten und mit den Dinkelbrötchen servieren. Restliche Brötchen einfrieren.

Möhren im Parmamantel

Für 4 Portionen
Fertig in 20 Minuten

8 junge Möhren mit Grün | 2 EL Olivenöl | Salz | Zucker | 3 EL Orangensaft | 1/2 Bund Basilikum | 8 dünne Scheiben Parmaschinken | 30 g Parmesan-Käse

Die Möhren dünn schälen, dabei das Grün bis auf 3 cm abschneiden. Das Olivenöl erhitzen und die Möhren darin andünsten. Mit Salz und Zucker würzen. Den Orangensaft zugießen und die Möhren zugedeckt bei kleiner Hitze etwa zehn Minuten bissfest garen.

Die Möhren in der Pfanne abkühlen lassen. Auf jede Möhre zwei Basilikumblätter legen und mit je einer Scheibe Parmaschinken umwickeln.

Die Möhren auf Teller legen. Den Parmesan-Käse hobeln und auf die Möhren streuen.

Schinken eignet sich immer gut für eine Vorspeise. Die beliebteste Variante ist wohl Schinken mit Melone. Gut schmeckt ein luftgetrockneter Schinken wie Parma- oder San-Daniele-Schinken. Beide kommen aus Italien. San-Daniele-Schinken ist, wie auch der spanische Serrano-Schinken, am Knochen gereift und schmeckt etwas kräftiger als Parmaschinken, der ohne Knochen reift. Wer den Rauchgeschmack lieber mag, nimmt Katenschinken oder einen Schwarzwälder Schinken.

Steinpilz-Consommé

Für 6 Portionen
Fertig in 1 Stunde 30 Minuten

150 g Steinpilze oder rosa Champignons | 3 Thymianstängel | 25 g getrocknete Steinpilze | 2 Eiweiß | 200 g Rinderhackfleisch | 1 l Kalbsfond | Salz | frisch gemahlener Pfeffer | evtl. 1–2 EL trockener Sherry | einige frische Pilze und etwas Schnittlauch zum Garnieren

Die frischen Pilze putzen und hacken. Thymianblättchen abzupfen, getrocknete Steinpilze fein hacken. Die Eiweiße leicht schaumig schlagen und mit frischen und getrockneten Pilzen, Hackfleisch und Thymian in einem Kochtopf mischen.

Den Fond dazugießen und langsam bis kurz vor den Siedepunkt erhitzen. Nicht rühren! Etwa eine Stunde bei kleiner Hitze kochen lassen. Dann die festen Teile mit einer Schaumkelle herausnehmen, auf einem Sieb abtropfen lassen. Den Sud auffangen und zurück in den Topf geben.

Die so entstandene Consommé durch einen Filter oder ein mit einem Mulltuch ausgelegtes Sieb gießen, mit Salz und Pfeffer und eventuell Sherry abschmecken.

Die frischen Pilze für die Dekoration in feine Scheiben, den Schnittlauch in feine Röllchen schneiden. Die Steinpilz-Consommé in vorgewärmte Tassen oder Teller füllen und mit den Pilzscheiben und Schnittlauchröllchen garnieren und servieren.

Koriandermöhren in Sesam-Crêpes

Für 4 Portionen
Fertig in 45 Minuten

Crêpes: 3 Eier | 125 g Mehl | 100 ml Mineralwasser mit Kohlensäure | 50 ml Milch | 4 EL Sesamsaat | 2 EL Öl

Möhren: 2 Bund junge Möhren | 2 unbehandelte Orangen | 1 EL Sonnenblumenöl | 1 TL gemahlener Koriander | Salz | frisch gemahlener Pfeffer | 300 g Vollmilchjoghurt | 1/2 Bund frischer Koriander

Koriandergrün stammt aus der asiatischen und der orientalischen Küche. Zum Glück bekommt man Koriander mittlerweile das ganze Jahr über in Töpfen im gut sortierten Supermarkt. Wenn Sie einen asiatischen Lebensmittelladen in Ihrer Nähe haben, kaufen Sie den Koriander dort. Sie bekommen ihn dann eventuell mit kräftigen Wurzeln. Diese Wurzeln werfen Sie bitte nicht weg; sie geben zum Beispiel einer Hühnersuppe den letzten Pfiff. Unser Tipp: Frieren Sie die kleinen Wurzeln ein und verwenden Sie sie nach Bedarf, besonders für asiatische Gerichte.

Für die Crêpes: Eier, Mehl, Mineralwasser, Milch und die Hälfte der Sesamsaat zu einem flüssigen Teig verrühren.

Aus dem Teig nacheinander in wenig Öl in einer beschichteten Pfanne acht Crêpes backen und mit dem restlichen Sesam bestreuen. Die Crêpes warm stellen.

Die Möhren schälen und der Länge nach halbieren. Eine Orange heiß abspülen, trockenreiben und die Schale abreiben, dann beide Orangen auspressen.

Das Öl erhitzen und die Möhren darin anbraten. Den Saft einer Orange und so viel Wasser dazugeben, dass die Möhren gerade in der Flüssigkeit liegen. Den gemahlenen Koriander dazugeben und mit Salz und Pfeffer würzen. Die Möhren im geschlossenen Topf etwa zehn Minuten garen.

Die Orangenschale und den restlichen Orangensaft mit dem Joghurt verrühren. Die Soße mit Salz und Pfeffer abschmecken.

Die Möhren in die Crêpes wickeln, mit Korianderblättchen bestreuen und mit der Orangensoße servieren.

Die besten **Hauptgerichte**

Fisch, Fleisch und

Vegetarisches stehen

im Mittelpunkt unserer

Menüs. Zu jedem Essen

empfiehlt die Sommelière

Natalie Lumpp den

Köstliche Hauptsachen

passenden Wein.

Spanisches Hähnchen mit Mandeln

Für 4 Portionen
Fertig in 2 Stunden 30 Minuten

Hähnchen: 100 g gehobelte Mandeln | 1 Hähnchen (etwa 1,5 kg) | Salz | frisch gemahlener Pfeffer | 3 EL Olivenöl | 6 große Zwiebeln | 2 Knoblauchzehen | 100 g Rosinen | 200 g schwarze Oliven | 400 ml Hühnerbrühe | 3–4 EL Rosenpaprika | 1 Chilischote

Safranreis: 1 Schalotte | 2 EL Olivenöl | 200 g Reis | 400 ml Hühnerbrühe | einige Safranfäden | Salz | frisch gemahlener Pfeffer

Für das Hähnchen: Die Mandeln in einer Pfanne ohne Fett hellbraun anrösten. Das Hähnchen in sechs Teile zerlegen, mit Salz und Pfeffer würzen, rundum im heißen Olivenöl anbraten und aus dem Topf nehmen.

Zwiebeln und Knoblauch abziehen. Zwiebeln auf einer Gemüsereibe reiben. Den Knoblauch in dünne Scheiben schneiden. Beides im Bratfett etwa sieben Minuten bei mittlerer Hitze andünsten.

Die Hähnchenteile, die gerösteten Mandeln, die Rosinen und die Oliven zu den Zwiebeln geben und die Hühnerbrühe angießen. Den Rosenpaprika, die Chilischote und jeweils einen halben Teelöffel Salz und Pfeffer dazugeben. Das Hähnchen etwa eine Stunde 30 Minuten schmoren, bis sich das Fleisch leicht von den Knochen löst. (Durch das lange Garen verliert sich die Schärfe etwas.)

Inzwischen für den Safranreis die Schalotte fein würfeln und im heißen Öl anbraten. Den Reis dazugeben und unter Rühren glasig werden lassen. Die Hühnerbrühe zugießen, Safranfäden zugeben und bei kleiner Hitze etwa 20 Minuten kochen lassen, bis die Flüssigkeit verdampft und der Reis weich ist. Mit Salz und Pfeffer würzen.

Das Hähnchen mit dem Safranreis anrichten und servieren.

Zu diesem Gericht passt ein kraftvoller Weißer. Ein wunderbar runder Weißwein mit Aromen von gerösteten Mandeln und Haselnüssen ist der Chardonnay Raimat, Costers del Segre, Spanien. Die Reifung im kleinen Eichenholzfass gibt dem Wein feine Toastingaromen, die gut mit Oliven und Safran harmonieren.

Hähnchenbrust in Rosmarinsoße

Für 4 Portionen
Fertig in 25 Minuten

2–3 Knoblauchzehen | 4 Hähnchenbrustfilets à etwa 150 g | Salz | frisch gemahlener Pfeffer | 2 EL Öl | 1/8 l Weißwein oder Brühe | Saft von 1 Zitrone | 1 Rosmarinzweig | 2 EL Crème fraîche

Den Knoblauch abziehen und in Stifte schneiden. Die Knoblauchstifte in die Hähnchenbrustfilets stecken, dafür mit einem Messer kleine Einschnitte in das Fleisch machen. Das Fleisch mit Salz und Pfeffer würzen und im heißen Öl etwa zwölf Minuten braten. Aus der Pfanne nehmen und warm stellen.

Den Weißwein in die Pfanne geben und den Bratensatz vom Pfannenboden lösen. Etwas Zitronensaft und den Rosmarinzweig dazugeben und alles etwa fünf Minuten einkochen. Den Rosmarinzweig herausnehmen und die Crème fraîche einrühren. Die Soße mit Salz, Pfeffer und Zitronensaft abschmecken.

Jeweils ein Hähnchenbrustfilet mit etwas Soße auf einem Teller anrichten. Dazu passen Basmatireis und gedünstete Lauchzwiebeln.

Hier kommen die schlanken Weißburgunder zum Zug. Zu dem leichten Huhn mit seinen duftenden Zutaten empfehle ich Ihnen eine Weißburgunder Spätlese trocken vom Weingut Dönnhoff, Nahe.

Portwein-Hähnchenkeulen mit Feigen

Für 4 Portionen
Ohne Wartezeit fertig in 1 Stunde

8 große frische Feigen | 350 ml roter Portwein | 3 Lorbeerblätter | 2 kleine Tomaten | 2 Schalotten | 2 Knoblauchzehen | 4 Hähnchenkeulen | Salz | frisch gemahlener Pfeffer | 2 EL Butterschmalz | 1 TL gemahlener Koriander | 1 TL Instant-Hühnerbrühe | 60 g eiskalte Butter

Die Feigen halbieren oder vierteln und mit dem Portwein übergießen. Ein Lorbeerblatt hinzugeben. Die Feigen abdecken und 24 Stunden marinieren lassen.

Die Tomaten in Würfel schneiden. Die Schalotten abziehen und fein hacken. Die Knoblauchzehen abziehen und zerdrücken.

Die Hähnchenkeulen mit Salz und Pfeffer würzen und portionsweise im heißen Butterschmalz in einem Bräter rundherum braun anbraten. Herausnehmen und warm stellen.

Schalottenwürfel, Koriander, restliche Lorbeerblätter, Knoblauch und Tomaten im Bräter ebenfalls anbraten. Die Hälfte des Portweins aus der Feigenmarinade dazugießen.

Die angebratenen Hähnchenkeulen zurück in den Bräter geben und zugedeckt etwa 30 Minuten bei kleiner Hitze schmoren lassen.

Die Keulen herausnehmen. 150 ml Wasser und die Hühnerbrühe in den Bräter geben und einmal aufkochen. Die Soße durch ein Sieb in einen Topf gießen. Die Keulen zurück in den Bräter legen und die Soße darüber gießen. Abkühlen lassen.

Die restliche Feigenmarinade bis auf zwei Esslöffel einkochen lassen und die Feigen damit bestreichen.

Die Hähnchenkeulen in der Soße wieder erwärmen, dabei die Soße nicht kochen lassen. Die Hähnchenkeulen zusammen mit den Feigen auf einer vorgewärmten Platte anrichten.

Die Soße in einem kleinen Topf aufkochen und die eiskalte Butter unterschlagen. Die Soße über die Keulen geben und servieren.

Wenn Sie in einem Essen eine kräftige Süße haben, hebt das die Süße im Wein auf. Damit der Wein nicht karg und ausgezogen dasteht, würde ich keinen ganz trockenen Wein wählen. Mit den Feigen und dem Portwein harmoniert ein kräftiger Weißherbst wie der Oberrotweiler Käsleberg Spätburgunder Weißherbst Spätlese trocken, Weingut Salwey, Baden.

Champignon-ragout mit Hefezöpfen

Für 4 Portionen
Ohne Wartezeit fertig in 1 Stunde

Hefezöpfe: 500 g Mehl | 2 TL Salz | 120 ml Milch | 20 g frische Hefe | 1 EL Zucker | 75 g flüssige Butter | 1 Eiweiß | 1 Eigelb

Ragout: 1 kg kleine feste Champignons | 3 Schalotten | 4 EL Butter | 100 ml Weißwein oder Brühe mit Zitronensaft | 125 g Crème double (oder Crème fraîche) | Salz | frisch gemahlener Pfeffer | Kerbel zum Garnieren

Für die Hefezöpfe: Mehl und Salz mischen. 100 ml Milch erwärmen und mit 150 ml lauwarmem Wasser vermischen. Die Hefe und den Zucker darin auflösen.

Hefemischung, Butter und Eiweiß zum Mehl geben. Alle Zutaten zu einem geschmeidigen Teig verkneten und zugedeckt an einem warmen Ort auf das doppelte Volumen aufgehen lassen.

Den Teig in vier Portionen teilen und vier kleine Zöpfe flechten. Die Zöpfe auf ein mit Backpapier ausgelegtes Blech setzen und noch einmal mindestens eine Stunde gehen lassen.

Eigelb und die restliche Milch verrühren und die Zöpfe damit bestreichen. Die Zöpfe auf der mittleren Schiene in den Backofen schieben. Ofen auf 180 Grad, Umluft 160 Grad, Gas Stufe 2–3 einschalten und die Zöpfe etwa 30 Minuten backen. Auskühlen lassen.

Für das Ragout: Die Champignons mit einem Tuch abreiben und halbieren. Die Schalotten abziehen und fein hacken.

Die Schalotten in der heißen Butter anbraten, dann die Pilze dazugeben und etwa fünf Minuten dünsten. Weißwein zugießen und drei Minuten einkochen lassen.

Die Crème double unter die Pilze rühren und einige Minuten zu einem sämigen Ragout einkochen lassen. Mit Salz und Pfeffer abschmecken.

Mit Kerbelblättchen bestreuen und mit den frischen Hefezöpfen servieren.

Zum Champignonragout empfehle ich einen gereiften Tokay Pinot Gris (bei uns Grauburgunder) aus dem Elsass, dessen Duft an frische Waldpilze erinnert und der im Geschmack üppig und kraftvoll ist, zum Beispiel den Tokay Pinot Gris von Frederic Mochel, Elsass.

Kalbsrouladen mit Rosmarinkartoffeln

Für 4 Portionen
Fertig in 1 Stunde

Kartoffeln: 500 g fest kochende Kartoffeln | 2 Rosmarinzweige | 2 EL Olivenöl | Salz | frisch gemahlener Pfeffer

Kalbsrouladen: 2 Knoblauchzehen | 1/2 Bund Petersilie | 2 EL frisch geriebener Parmesan-Käse | 2 Eigelb | 120 g Bratwurstbrät | frisch gemahlener Pfeffer | 4 dünne Kalbsschnitzel à etwa 80 g | 12 Salbeiblätter | 4 dünne Scheiben durchwachsener Speck | 1 EL Mehl | 2 EL Butterschmalz | Salz | 1/8 l Wein oder Brühe mit Zitronensaft | 1/8 l Fleischbrühe | 300 g Brokkoli

Die Sauvignon Blancs aus Südtirol zeichnen sich neben dem sehr herbalen, exotischen Aroma durch ihre Ausgewogenheit aus – gerade das richtige geschmackliche Pendant zu den Kalbsrouladen. Ich empfehle Ihnen einen Sauvignon Blanc von Elena Walch, Aldo Adige.

Die Kartoffeln gut abwaschen, je nach Größe halbieren oder vierteln. Rosmarinnadeln von den Zweigen zupfen und fein hacken. Eine ofenfeste Form mit dem Öl ausstreichen und die Kartoffeln mit der Schnittfläche nach unten hineinlegen. Mit Salz, Pfeffer und Rosmarinnadeln bestreuen und im auf 200 Grad, Umluft 170 Grad, Gas Stufe 3 vorgeheizten Backofen etwa 40 Minuten backen.

Für die Kalbsrouladen: Den Knoblauch abziehen und zerdrücken. Petersilie abspülen, trockenschütteln und hacken. Knoblauch, Petersilie, Parmesan, Eigelbe und Bratwurstbrät verrühren. Mit Pfeffer würzen.

Die Kalbsschnitzel mit der Brätmischung bestreichen und aufrollen. Jeweils ein Salbeiblatt darauf legen und mit jeweils einem Speckstreifen umwickeln. Mit Spießchen feststecken.

Die Rouladen dünn mit Mehl bestäuben und im heißen Butterschmalz rundherum anbraten.

Mit Salz würzen und den Wein angießen, etwa drei Minuten einkochen lassen. Die Brühe zugießen und alles zugedeckt bei kleiner Hitze etwa zehn Minuten schmoren.

Die restlichen Salbeiblätter in den Sud geben und weitere zehn Minuten schmoren. Die Rouladen herausnehmen und den Sud durch ein Sieb gießen.

Den Brokkoli in Röschen teilen und in Salzwasser etwa acht Minuten gar kochen.

Die Rouladen mit dem Sud, dem Brokkoli und den Kartoffeln servieren.

Italienische Note –
Rosmarin und Salbei
geben hier den Ton an

Entenbrust mit Kartoffel-Kürbis-Gratin

Für 4 Portionen
Fertig in 1 Stunde 10 Minuten

Rotweinbutter: 2 kleine Schalotten | 70 g Butter | Zucker | Salz | 1/4 l Rotwein | 2 EL Portwein | 100 ml Geflügelfond

Gratin: 200 g fest kochende Kartoffeln | 400 g Hokkaido-Kürbis (geputzt 250 g) | 200 g Schlagsahne | Salz | frisch gemahlener Pfeffer | 1/2 TL Honig | evtl. 1 TL Sherry | Fett für die Form

Entenbrust: 2 Entenbrüste à etwa 300 g | Salz | frisch gemahlener Pfeffer | gemahlener Koriander | 1 EL Öl | 150 g Zuckerschoten | 1 EL Butter

Ich verspreche Ihnen, die Entenbrüstchen schmecken mit einem badischen Spätburgunder nochmal so gut! Eine trockene Spätlese sollte es sein, beispielsweise ein Affentaler, ein Königschaffhauser oder eine Hex vom Dasenstein. Meine Empfehlung: ein Affentaler Spätburgunder Rotwein Spätlese trocken von der Winzergenossenschaft Affental, Baden.

Für die Rotweinbutter: Schalotten abziehen, fein würfeln und in einem Esslöffel Butter andünsten. Je einen Teelöffel Zucker und Salz dazugeben. Rotwein, Portwein und Fond zugießen und einkochen lassen.

Für das Gratin: Kartoffeln und Kürbis schälen, das Innere aus dem Kürbis dabei entfernen. Kartoffeln und Kürbisfleisch in sehr dünne Scheiben hobeln und abwechselnd in eine gefettete, ofenfeste Form schichten.

Sahne mit Salz, Pfeffer, Honig und eventuell Sherry erwärmen und über das Gratin geben. Im vorgeheizten Backofen bei 180 Grad, Umluft 160 Grad, Gas Stufe 2–3 etwa 20 Minuten vorgaren.

Inzwischen die Entenbrüste mit Salz, Pfeffer und Koriander einreiben und im Öl von beiden Seiten anbraten. Mit der Hautseite nach unten in eine ofenfeste Form legen. Zum Gratin in den Ofen geben und alles zusammen bei 200 Grad, Umluft 170 Grad, Gas Stufe 3 etwa 15 bis 20 Minuten garen, dabei das Fleisch ab und zu mit dem Bratfett begießen.

Zuckerschoten putzen (an beiden Seiten knapp abschneiden) und in der Butter gut fünf Minuten garen, mit Salz und Pfeffer würzen.

Kurz vor dem Servieren restliche, eiskalte Butter in Flöckchen unter die Rotweinbutter schlagen.

Die Entenbrüste schräg aufschneiden und mit dem Gratin, den Zuckerschoten und der Soße anrichten.

Tafelspitz mit Bouillongemüse und Kräutersoße

Für 8 Portionen
Fertig in 3 Stunden

Tafelspitz: 2,5 kg Tafelspitz (aus kontrollierter Aufzucht) | 5 Lorbeerblätter | 6 Nelken | 7 Pimentkörner | 3 EL Instant-Brühe | 1 Gemüsezwiebel | 1 Bund Suppengrün

Gemüse: 15 mittelgroße fest kochende Kartoffeln | 2 Petersilienwurzeln | 2 Stangen Porree | 10 Navetten (weiße Rüben; oder 2 Kohlrabi) | 1 Bund Möhren | 3/4 l Fleischbrühe (vom Tafelspitz oder aus dem Glas)

Soße: 40 g Butter oder Margarine | 30 g Mehl | 1/2 l Fleischbrühe (vom Tafelspitz oder aus dem Glas) | 150 g Schlagsahne | 1 Bund Petersilie | 5 Stängel Basilikum | 1 EL Rosmarinnadeln | 80 g Butter | Salz | frisch gemahlener Pfeffer

Für den Tafelspitz: Das Fleisch abspülen, halbieren und die Fettschicht einschneiden. Fleisch, Gewürze und Instant-Brühe in einen Topf geben. Etwa zwei Liter Wasser hinzufügen, das Fleisch soll bedeckt sein.

Die ungeschälte Zwiebel halbieren und die Schnittflächen in einer Pfanne ohne Fett dunkelbraun rösten. Das Suppengrün abspülen, putzen und in grobe Stücke schneiden. Zusammen mit den Zwiebelhälften zum Fleisch geben. Alles aufkochen und bei kleiner Hitze etwa zwei Stunden kochen lassen.

Das Fleisch aus der Brühe nehmen und warm halten. Brühe durch ein feines Sieb gießen.

Für das Gemüse: Die Kartoffeln und das Gemüse abspülen, putzen oder schälen und in grobe Stücke schneiden. Etwa 15 bis 20 Minuten in der Brühe bissfest kochen.

Für die Soße: Das Fett schmelzen. Das Mehl unter Rühren zugeben und so lange rühren, bis sich Fett und Mehl gut verbunden haben. Die heiße Brühe nach und nach unterrühren und die Soße zehn Minuten kochen; dabei zwischendurch gründlich umrühren, damit nichts anbrennt.

Die Sahne unterrühren. Die Kräuter zusammen mit der weichen Butter pürieren, unter die Soße rühren und mit Salz und Pfeffer abschmecken.

Das Fleisch in Scheiben schneiden und zusammen mit dem Gemüse auf Platten anrichten. Etwas Brühe darüber gießen. Die Kräutersoße zum Tafelspitz servieren.

Zum gekochten Rindfleisch passt ein leichter Weißwein. Er sollte nicht zu elegant sein, denn es handelt sich hier um ein eher bodenständiges Gericht. Herzhaft, ehrlich und immer bekömmlich ist der Silvaner. Er ist nie stark von der Säure geprägt, und vor allem die fränkischen Silvaner schmecken herrlich erdig und würzig. Meine Empfehlung: ein Würzburger Stein Silvaner Kabinett trocken vom Weingut Juliusspital, Franken.

Dilan
(Bulgur mit Rauke)

Für 4 Portionen
Fertig in 20 Minuten

250 g feiner Bulgur | 1 Bund Rauke | 1/2 Bund Dill | 2 EL Olivenöl | 2 EL Weizenkeimöl | Tabascosoße | Salz | einige Radicchioblätter | 300 g Feta-Käse | schwarze Oliven

Den Bulgur in eine Schüssel geben und mit 150 ml heißem, nicht mehr kochendem Wasser übergießen. Etwa acht Minuten ziehen lassen.

Rauke abspülen, trockenschütteln, einige Blätter beiseite legen, den Rest fein hacken. Dill abspülen, trockenschütteln und ebenfalls fein hacken.

Wenn der Bulgur das Wasser vollständig aufgenommen hat, beide Ölsorten, gehackte Rauke und gehackten Dill untermischen. Mit Tabascosoße und Salz abschmecken.

Mit einem Eisportionierer aus dem Bulgur Kugeln formen und auf vier Tellern mit restlicher Rauke, Radicchioblättern, Schafkäsewürfeln und Oliven anrichten.

Da es sich um ein recht unkompliziertes Gericht handelt, sollten Sie ruhig auch zu einem unkomplizierten Wein greifen. Meine Empfehlung: ein Alde Gott Rivaner trocken von der Winzergenossenschaft Sasbachwalden, Baden.

Mariniertes Rinderfilet

Für 6 Portionen
Ohne Wartezeit fertig in 1 Stunde

1,5 kg Rinderfilet (aus kontrollierter Aufzucht) | 2 EL Sojasoße | 6 EL Öl | 1 EL Rübensirup | 4 Sternanis | 3 Nelken | 8 schwarze Pfefferkörner | 1 Bund Suppengrün | 30 g Butterschmalz | Salz | frisch gemahlener Pfeffer | 400 ml Rinderfond

Das Fleisch kalt abspülen und trockentupfen. Sojasoße, Öl und Sirup verrühren. Fleisch und Gewürze in einen großen Gefrierbeutel geben, Marinade dazugießen und den Beutel gut verschlossen über Nacht in den Kühlschrank legen.

Suppengrün putzen und in Würfel schneiden. Das Fleisch im heißen Butterschmalz von allen Seiten scharf anbraten, salzen, pfeffern und anschließend in die Fettpfanne des Backofens legen. Suppengrün im Bratfett kurz anbraten und zum Fleisch geben. Etwas Fond dazugießen.

Das Fleisch 35 Minuten im Backofen bei 180 Grad, Umluft 160 Grad, Gas Stufe 2–3 braten, dabei nach und nach den restlichen Fond dazugeben.

Das Filet aus dem Backofen nehmen, in Alufolie wickeln und im ausgeschalteten Backofen warm halten.

Den Bratensaft mit dem Gemüse durch ein Sieb in einen kleinen Topf gießen und entfetten.

Fleisch in Scheiben schneiden und mit dem heißen Bratenfond auf einer Platte anrichten.

Dazu passen Romanesco-Röschen und karamellisierte Schalotten in Portweinsud.

↑ Marinierte Rinderfilet

← Dilan (Bulgur mit Rauke)

Sojasoße, Rübensirup, Sternanis und Nelken: Wenn der Wein zu zurückhaltend ist, fällt er gegen diese Soße zum Rinderfilet ab. Das passiert garantiert nicht bei einem australischen Shiraz. In Frankreich als Syrah bekannt, beeindruckt er durch seine unglaublich dicke, fruchtige Art; seine Aromen erinnern oft an Zimt, Nelken, Kardamom und andere Gewürze. Ich empfehle einen Shiraz aus Mitchelton, Victoria.

Involtini

Für 4 Portionen
Ohne Wartezeit fertig in 40 Minuten

20 g getrocknete Steinpilze | 150 g Blattspinat (TK) | 2 Zwiebeln | 2 Knoblauchzehen | 1 EL Butter | 100 g Ricotta (italienischer Frischkäse) | 2 EL fein geriebener Parmesan-Käse | 1 Ei | Salz | frisch gemahlener Pfeffer | frisch geriebene Muskatnuss | 8 dünne Kalbsschnitzel à 50 g | 2–3 EL körniger Senf | 8 Scheiben dünn geschnittener Pancetta (italienischer Speck; oder Parmaschinken) | 2 EL Mehl | 3 EL Olivenöl | 400 ml Kalbsfond | 200 ml Weißwein oder Brühe mit etwas Zitronensaft | 2 Lorbeerblätter | 100 g Schlagsahne | evtl. 1–2 EL heller Soßenbinder | 2 Tomaten | 1/2 Bund Thymian

Die Steinpilze mit 200 ml kochendem Wasser überbrühen und eine Stunde quellen lassen. In einem Sieb abtropfen lassen, dabei das Einweichwasser auffangen. Die Pilze fein hacken.

Den Spinat auftauen, ausdrücken und fein hacken. Eine Zwiebel und den Knoblauch abziehen, fein hacken und in der Butter andünsten. Steinpilze und Spinat dazugeben, kurz weiterdünsten. Abkühlen lassen und mit Ricotta, Parmesan und dem Ei vermischen. Mit Salz, Pfeffer und Muskat würzen.

Kalbsschnitzel flach klopfen, mit Senf bestreichen, mit Pancettascheiben belegen und die Füllung darauf streichen. Aufrollen, mit Küchengarn zusammenbinden. Mit Salz und Pfeffer würzen.

Die Rouladen dünn mit Mehl bestäuben und im heißen Öl anbraten. Aus der Pfanne nehmen. Kalbsfond, Wein und das Einweichwasser der Pilze auf etwa 400 ml einkochen.

Die restliche Zwiebel abziehen, fein würfeln und mit den Lorbeerblättern im Bratfett der Involtini andünsten. Den eingekochten Fond angießen. Die Involtini in die Soße geben und bei kleiner Hitze etwa 20 Minuten garen. Aus der Pfanne nehmen und warm halten.

Die Sahne zur Soße geben und etwas einkochen lassen, eventuell mit Soßenbinder andicken. Die Tomaten abziehen, würfeln und mit den Thymianblättchen in die Soße geben. Weitere zwei Minuten kochen lassen.

Die Involtini mit der Soße auf grünen Bandnudeln anrichten und sofort servieren.

Da die Steinpilze viele Röstaromen in das Gericht bringen, empfiehlt sich ein im Barrique gereifter Grauburgunder wie der Grauburgunder „S“ von Franz Keller, Baden.

Schweinefilet
mit Rösti

Für 4 Portionen
Fertig in 45 Minuten

Rösti: 1 kg nicht zu weich gekochte Pellkartoffeln vom Vortag | Salz | frisch geriebene Muskatnuss | 30 g Butterschmalz

Geschnetzeltes: 600 g Schweinefilet | 2 EL Mehl | 2 EL Öl | Salz | frisch gemahlener Pfeffer | 1 Bund Lauchzwiebeln | 150 g Crème fraîche | 200 ml Weißwein oder Brühe | Saft von einer Zitrone

Für die Rösti: Kartoffeln schälen und auf der Rohkostreibe grob raffeln. Mit Salz und Muskat würzen.

Fett in einer großen beschichteten Pfanne erhitzen. Die geraffelten Kartoffeln zu Rösti formen, zusammendrücken und im heißen Fett von jeder Seite etwa vier bis fünf Minuten goldbraun braten. Im Backofen bei 100 Grad, Umluft 80 Grad, Gas Stufe 1 warm halten (am besten auf einem Blech).

Für das Geschnetzelte: Das Fleisch in schmale Streifen schneiden. Mit dem Mehl bestäuben und im heißen Öl rundherum anbraten. Aus der Pfanne nehmen, mit Salz und Pfeffer würzen und abgedeckt ebenfalls warm stellen.

Die Lauchzwiebeln putzen, abspülen, in ganz feine Ringe schneiden und im Bratfett eine Minute dünsten. Crème fraîche und Wein dazugeben und den Bratensatz lösen.

Erst zwei Esslöffel Zitronensaft dazugeben, dann nach Geschmack mit dem restlichen Saft würzen. Mit Salz und Pfeffer abschmecken.

Das Fleisch kurz vor dem Servieren in die Soße geben und erwärmen.

Die Rösti mit dem Geschnetzelten anrichten und sofort servieren.

Wunderbar schmeckt ein weißer Gavi aus dem Piemont zu dem Geschnetzelten. Der Gavi kommt aus der Provinz Alessandria und wird aus der Cortese-traube gewonnen. Er ist schlank, mit viel Finesse ausgebaut und besitzt feine Zitrusaromen – ideal zu der mit Zitronensaft abgeschmeckten Soße. Meine Empfehlung: ein Gavi von Pio Césare aus dem Piemont.

Schweinebraten mit Senfhaube

4–6 Portionen
Fertig in 3 Stunden 30 Minuten

Braten: 20 g getrocknete Steinpilze | 1 kg ausgelöster Schweinerücken | Salz | frisch gemahlener Pfeffer | 2 EL Butterschmalz | 1/2 Bund Thymian | 20 g Butter | 4 TL grobkörniger Senf | 4 Schalotten | 200 ml Bratenfond oder Brühe | 150 g Schlagsahne | evtl. Soßenbinder | Senf und Zucker zum Abschmecken

Gemüse: 75 g durchwachsener Speck in 3–4 Scheiben | 1 EL Olivenöl | 1 kleiner Wirsingkohl | Salz | frisch gemahlener Pfeffer | 1 TL Instant-Brühe | frisch geriebene Muskatnuss

Für den Braten: Pilze in etwas warmem Wasser einweichen. Das Fleisch rundherum mit Salz und Pfeffer einreiben und im heißen Butterschmalz von allen Seiten braun anbraten.

Die Blättchen vom Thymian abstreifen (zwei Stiele beiseite legen) und mit Butter und Senf verrühren. Den Braten in einen Bräter legen und mit der Senfbutter bestreichen.

Abgezogene Schalotten halbieren und im Bratfett andünsten. Die eingeweichten Pilze mit Einweichflüssigkeit und den Bratenfond zufügen, aufkochen und zum Fleisch geben.

Fleisch in den auf 80 Grad, Umluft 70 Grad, Gas Stufe 1 vorgeheizten Backofen geben und drei Stunden bei Niedertemperatur im offenen Bräter braten. Dann auf eine Platte legen und im ausgeschalteten Backofen warm halten.

Den Bratensaft durch ein Sieb in einen Topf gießen. Sahne zum Bratensaft gießen und aufkochen. Die Soße eventuell mit etwas Soßenbinder andicken und mit Senf, Salz, einer Prise Zucker und Pfeffer kräftig abschmecken.

Für das Gemüse: Den Speck in feine Würfel schneiden und im heißen Öl bei kleiner Hitze langsam knusprig braten. Inzwischen vom Wirsing die äußeren, welken Blätter entfernen. Wirsing halbieren und den harten Strunk herausschneiden. Wirsing in Spalten schneiden.

Die Speckwürfel aus dem Bratfett nehmen und auf Küchenkrepp abtropfen lassen.

Wirsing im Speckfett andünsten. Mit Salz, Pfeffer, Brühe und Muskat würzen, eventuell etwas Wasser zugeben und zugedeckt zehn Minuten dünsten. Zum Fleisch auf die Platte geben und mit den Speckwürfeln bestreuen.

Braten und Gemüse mit restlichem Thymian bestreuen. Die heiße Soße extra dazu reichen.

Immer mit der Ruhe ... Fleisch wird zart und saftig, wenn es längere Zeit bei niedriger Temperatur im Backofen gart. Wichtig ist, das Fleisch rundherum scharf anzubraten, damit sich die Poren schließen und der Fleischsaft im Fleischstück bleibt. Durch die niedrige Temperatur entspannt sich das Fleisch und der Saft wird im ganzen Stück verteilt. Die Temperatur muss unter 90 Grad liegen, sollte aber im Fleisch eine Kerntemperatur von 56 Grad (Bratthermometer) erreichen, damit das Eiweiß gerinnt. Diese Garmethode eignet sich für Kurzgebratenes wie Steaks, Koteletts und Schnitzel, aber auch für größere zarte Stücke vom Schwein, Kalb und Lamm. Bei großen Stücken vom Rind funktioniert das so genannte Niedertemperaturgaren nur mit Entrecôte, Filet oder Roastbeef.

Haben Sie noch einen Elsässer Riesling zu Hause, der fünf bis zehn Jahre alt ist? Probieren Sie ihn zu dem Schweinebraten, Sie werden überrascht sein! Herrlich ist zurzeit der Riesling Hengst, Grand Cru vom Weingut Josmeyer, Elsass.

Lammchops mit Tomaten-Couscous

Für 4 Portionen
Ohne Wartezeit fertig in 45 Minuten

Lammchops: 8 halbe Lammrückenkoteletts à 80 g (Lammchops) | je 1 TL Currypulver und Rosenpaprika | je 2 TL Basilikum und Oregano (getrocknet) | frisch gemahlener Pfeffer | 2 Knoblauchzehen | 100 ml Öl

Tomaten-Couscous: 1 Knoblauchzehe | Salz | 2 Lauchzwiebeln | je 1 rote und grüne Chilischote | 8 getrocknete Tomaten in Öl (etwa 60 g) | 15 eingelegte schwarze Oliven ohne Stein | 150 g Instant-Couscous | 3 TL feine Kapern | frisch gemahlener Pfeffer | 1/2–1 Bund Basilikum

Soße: 250 ml Lammfond | 160 ml Rotwein oder Brühe | 1 Spritzer Balsam-Essig | 1–2 EL Tomatenmark | 1 TL süße Sojasoße | Salz | frisch gemahlener Pfeffer

Für die Lammchops: Den Fettrand der Koteletts einritzen und das Fleisch mit Gewürzen, getrockneten Kräutern und Pfeffer einreiben. Den Knoblauch abziehen und vierteln. Fleisch und Knoblauch in eine Schüssel geben, mit Öl begießen und über Nacht marinieren.

Für das Couscous: Den Knoblauch abziehen, mit Salz bestreuen und zerdrücken. Lauchzwiebeln abziehen und in feine Ringe schneiden. Chilischoten entkernen und fein würfeln (siehe Seite 22). Die eingelegten Tomaten abtropfen lassen (das Öl auffangen) und fein würfeln, die Oliven in feine Ringe schneiden.

Das Couscous nach Packungsanweisung in heißem Salzwasser quellen lassen.

Chili in zwei Teelöffel Tomatenöl andünsten, Lauchzwiebeln, Tomaten, Knoblauch, Oliven und Kapern dazugeben und erwärmen. Mit Pfeffer und etwas Salz abschmecken. Die Würzmischung unter das Couscous mischen. Couscous warm stellen.

Das Fleisch in wenig Marinadenöl von beiden Seiten scharf anbraten. In Alufolie wickeln, fest verschließen und im vorgeheizten Backofen bei 80 Grad, Umluft 70 Grad, Gas Stufe 1 zehn bis 25 Minuten gar ziehen lassen. Die Garzeit hängt von der Größe, der Anbratdauer und der gewünschten Garstufe ab. 80 Gramm schwere Koteletts, die von jeder Seite eineinhalb Minuten angebraten wurden, sind nach 15 Minuten im Ofen rosa gegart.

Für die Soße: Ein paar Knoblauchstücke aus der Marinade ins Bratfett geben und kurz anbraten. Mit Lammfond, Rotwein und Balsam-Essig ablöschen und einkochen lassen.

Den Knoblauch herausnehmen und die Soße mit Tomatenmark verrühren. Mit Sojasoße, Salz und Pfeffer abschmecken. Den Bratensaft der Lammchops unter die Soße rühren.

Das Basilikum in Streifen schneiden und unter das Couscous heben. Das Couscous zu den Lammchops und der Soße servieren.

Meist hat Lammfleisch einen kräftigen Eigengeschmack und braucht einen starken Partner – wie einen Vino Nobile di Montepulciano, Poliziano aus der Toskana. Der kräftige, aber dennoch sehr fruchtige Wein unterstützt den Geschmack der Kräuter und des Fonds.

Zum Anbeißen köstlich – **Lammchops braun gebraten**

Lammschulter mit saurem Kartoffelgemüse

Für 4–5 Portionen
Fertig in 3 Stunden

Lammschulter: 1,2 kg Lammschulter ohne Knochen (vom Fleischer zum Braten binden lassen) | Salz | frisch gemahlener Pfeffer | 2 EL Butterschmalz | 1/2 Bund Suppengrün | 100 g Schalotten | 2 Knoblauchzehen | 1/4 l kräftiger Weißwein oder Brühe mit Zitronensaft | 1/2 l Lammfond | 1/2 Bund Majoran

Kartoffelgemüse: 300 g fest kochende Kartoffeln | je 100 g Möhren, Sellerieknolle und Stielmangold | 2 Zwiebeln | 2 EL Öl | 100 ml Weißwein-Essig | 1/2 l Fleischbrühe | 1 Lorbeerblatt | 1 Nelke | 6 Wacholderbeeren | 125 g Schlagsahne | 1/2 Bund glatte Petersilie | evtl. etwas Bärlauchpesto

Endlich ein Rezept für saures Kartoffelgemüse! In meiner Kindheit hat mein Großvater das oft zu Lamm gemacht. Immer wurde dazu ein Kaiserstühler Grauburgunder getrunken, der durch seine Kraft und seinen süßlichen Schmelz prima zur Lammschulter schmeckt. Ich empfehle einen Achkarrer Schlossberg Grauer Burgunder Spätlese trocken von der Winzergenossenschaft Achkarrenk, Baden. Alternativ kann man auch einen kräftigeren Chardonnay nehmen. Von säurebetonten Weinen sollten Sie absehen, da der Essig im Kartoffelgemüse die Säure des Weins noch verstärken würde.

Die Lammschulter salzen und pfeffern. Im heißen Butterschmalz in einem Bräter rundherum anbraten. Herausnehmen.

Das Suppengrün putzen, die Schalotten abziehen, beides fein würfeln und im Bräter anrösten. Den abgezogenen Knoblauch und den Weißwein hinzufügen. Etwas einkochen, dann das Fleisch und den Fond dazugeben.

Das Fleisch im geschlossenen Bräter im auf 170 Grad, Umluft 150 Grad, Gas Stufe 2–3 vorgeheizten Backofen etwa eine Stunde 30 Minuten schmoren, dann ohne Deckel weitere 15 Minuten garen. Im ausgeschalteten Backofen warm halten.

Kartoffeln und Gemüse schälen bzw. abspülen und würfeln. Zwiebeln abziehen und hacken.

Das Öl erhitzen und die Kartoffeln darin kurz anbraten, Gemüse und Zwiebeln dazugeben und kurz mitbraten. Zuerst den Essig, dann die Brühe angießen.

Die Gewürze hinzufügen und alles bei schwacher Hitze etwa 20 Minuten garen. Die Sahne zugeben und weitere 15 Minuten garen.

Die Lammsoße aus dem Bräter in einen Topf gießen und auf dem Herd bis zur gewünschten Konsistenz einkochen lassen, den Majoran dazugeben und die Soße mit Salz und Pfeffer abschmecken.

Die Petersilie abspülen, trockenschütteln, hacken und über das Gemüse streuen.

Die Lammschulter in Scheiben schneiden und mit dem Gemüse, der Soße und eventuell etwas Bärlauchpesto anrichten.

Ein feines Essen für alle, **die Lamm mögen**

Rehmedaillons in Portweinsoße

Für die Soße: Schalotte abziehen und fein würfeln. Einen Esslöffel Butter erhitzen, Schalotte und Wacholderbeeren darin anbraten, Rotwein zugießen und einkochen lassen. Wildfond und Portwein dazugeben, wieder einkochen lassen. Durch ein Sieb gießen und mit Salz und Pfeffer abschmecken.

Für das Ragout: Die Schwarzwurzeln schälen, mit Zitronensaft beträufeln und in kleine Stücke schneiden. Sofort in Wasser mit Zitronensaft legen. Möhren schälen und ebenfalls in kleine Stücke schneiden. Schwarzwurzeln abtropfen lassen und trockentupfen.

Butter schmelzen, Zucker zugeben und karamellisieren lassen. Das Gemüse darin andünsten. Die Sahne dazugeben, einkochen und mit Salz, Pfeffer und Muskat würzen.

Die Rehmedaillons mit Salz und Pfeffer würzen. Im heißen Öl von beiden Seiten anbraten, den Rosmarinzweig dazugeben und im auf 180 Grad, Umluft 160 Grad, Gas Stufe 2–3 vorgeheizten Backofen etwa zehn Minuten garen.

Kurz vor dem Servieren die restliche, eiskalte Butter in Flöckchen unter die vorbereitete, wieder erwärmte Portweinsoße schlagen.

Zum Servieren Medaillons, Soße und Gemüse auf Tellern anrichten. Dazu passt Kartoffelpüree.

Für 4 Portionen
Fertig in 1 Stunde

Soße: 1 Schalotte | 3 EL eiskalte Butter | 5 Wacholderbeeren | 50 ml Rotwein | 400 ml Wildfond | 70 ml roter Portwein | Salz | frisch gemahlener Pfeffer

Ragout: 300 g Schwarzwurzeln | Saft von einer Zitrone | 150 g Möhren | 2 EL Butter | 1 EL Zucker | 70 g Schlagsahne | Salz | frisch gemahlener Pfeffer | frisch geriebene Muskatnuss

Reh: 4 Rehmedaillons à 80 g | Salz | frisch gemahlener Pfeffer | 2 EL Olivenöl | 1 Rosmarinzweig | 1 EL fein gehackte Petersilie

Hatten Sie beim Kosten eines Rotweins schon mal das Gefühl, er sei fast animalisch oder lederig im Bukett? Ich hoffe – ja. Das sind die perfekten Begleiter zu Wildgerichten! Mein Favorit zum Reh: ein Côtes du Rhône, Guigal, Rhône.

Kaninchen in Weißwein

Für 4 Portionen
Fertig in 2 Stunden

300 g Schalotten | 6 Knoblauchzehen | 100 g durchwachsener Speck (in dünnen Scheiben) | 8 EL Olivenöl | 150 g Porree | 150 g Staudensellerie | je 1 große gelbe und grüne Paprikaschote | 1 Bund glatte Petersilie | 4 Lorbeerblätter | 6 Pimentkörner | 2–3 TL Instant-Gemüsebrühe | Salz | frisch gemahlener schwarzer Pfeffer | 400 ml Weißwein | 1 Kaninchen (zerlegt, mit Nieren und Leber) | 50 g Butter | 50 g Schlagsahne

Schalotten und Knoblauch abziehen und mit den Speckscheiben und vier Esslöffel Olivenöl in einen Bräter geben. Im vorgeheizten Backofen bei 225 Grad, Umluft 200 Grad, Gas Stufe 4 etwa zehn Minuten braten. Herausnehmen und etwas abkühlen lassen.

Porree abspülen und in Ringe schneiden, Staudensellerie abziehen und in fingerlange Stücke schneiden. Paprika halbieren, Kerne und Trennwände herausschneiden und das Fruchtfleisch in Rauten schneiden. Petersilie abspülen, trockenschütteln und hacken.

Gemüse, Petersilie, Gewürze und Instant-Brühe in den Bräter geben, mit Salz und Pfeffer würzen. Den Wein und das restliche Olivenöl dazugießen.

Kaninchenfleisch salzen und pfeffern und auf das Gemüse legen. Butter darauf verteilen.

Den Bräter wieder in den Backofen stellen und alles bei gleicher Temperatur etwa 40 Minuten garen, dabei ab und zu das Fleisch mit dem Sud begießen.

Die Fleischstücke umdrehen und weitere 25 Minuten garen. Dann Leber und Nieren dazulegen und noch einmal 25 Minuten garen.

Den Sud mit Sahne, Salz und Pfeffer abschmecken und alles auf einer Platte servieren.

Ein Wein mit Kraft muss her. Das zeichnet vor allem die Weißweine aus der Neuen Welt aus. Chardonnays mit 14 Volumenprozent Alkohol sind in Kalifornien oder Australien keine Seltenheit. Gern werden die opulenten Chardonnays hier mit dem zurückhaltenderen Sémillon vermählt. Typisch auch: der Ausbau im Barrique, dem kleinen Eichenholzfass. Die Barriquearomen des Weins sind bestens eingebettet in dem geräucherten Speck und den Schmoraromen. Eine gelungene Cuvée ist der Sémillon-Chardonnay, Rosemount Estate, Australien.

Kaninchen mit Rosmarinkartoffeln

Für 4 Portionen
Fertig in 1 Stunde 30 Minuten

Kaninchen: 1 junges Kaninchen (etwa 1,3 kg, in 8 Stücke geteilt) | Salz | frisch gemahlener Pfeffer | 2 EL Olivenöl | 8 Schalotten | 1/4 l kräftiger Weißwein, z. B. Chardonnay, oder Brühe mit Zitronensaft | 1/4 l Hühnerbrühe | 1 Lorbeerblatt | 1 Rosmarinzweig | 1/2 Bund Thymian | 4 Knoblauchzehen | 20 schwarze Oliven | 8 Cocktailtomaten

Kartoffeln: 12 kleine fest kochende Kartoffeln | 2 EL Olivenöl | 1 EL gehackter Rosmarin | 1 EL Butter | Salz | frisch gemahlener Pfeffer

Das Kaninchen abspülen, trockentupfen, salzen und pfeffern. Im heißen Öl in einem Bräter anbraten. Herausnehmen.

Die Schalotten abziehen, halbieren, in den Bräter geben und anbraten. Die Kaninchenteile dazulegen. Den Wein und die Brühe zugießen, die Gewürze, Kräuter und den abgezogenen, gehackten Knoblauch dazugeben. Zugedeckt bei mittlerer Hitze etwa eine Stunde schmoren lassen.

Die Oliven klein schneiden. Die Tomaten abziehen (siehe Seite 34).

Die Kartoffeln schälen, längs halbieren und auf der runden Seite mehrfach einschneiden (etwa bis zur Hälfte der Dicke der Kartoffel).

Die Kartoffeln nebeneinander im Olivenöl in der geschlossenen Pfanne bei mittlerer Hitze 30 Minuten braten, dabei die Pfanne ab und zu schwenken.

Zehn Minuten vor Ende der Garzeit Rosmarin und Butter zu den Kartoffeln geben. Oliven und Tomaten zum Kaninchen geben.

Die Kaninchenteile aus dem Topf nehmen und warm stellen. Die Soße etwas einkochen. Das Fleisch in der Soße kurz ziehen lassen.

Kartoffeln salzen und pfeffern. Kaninchen und Kartoffeln zusammen servieren.

Das Kaninchen könnten Sie so in Italien serviert bekommen – mit einem Pinot Grigio aus dem Friaul. Der Pinot Grigio (bei uns Grauburgunder) hat dort einen leicht rauchigen Ton, der das Aroma des Gerichts unterstützt. Perfekt zum Kaninchen: ein Pinot Grigio von Volpe Pasini, Friaul.

Auberginen-röllchen mit Tomaten

Für 4 Portionen
Fertig in 50 Minuten

2 mittelgroße Auberginen | Salz | 7 EL Olivenöl | frisch gemahlener Pfeffer | 2 Knoblauchzehen | je 1 Bund glatte Petersilie und Basilikum | 3 EL Semmelbrösel | 150 g frisch geriebener Parmesan-Käse | 800 g Tomaten | 3 Mozzarella à 125 g | Fett für die Form

Die Auberginen längs in etwa 1/2 cm dicke Scheiben schneiden und mit etwas Salz bestreuen. Das entstehende Wasser abtupfen.

Die Scheiben in drei Esslöffel Öl hellbraun braten. Mit Pfeffer würzen und auf Küchenkrepp abtropfen lassen.

Knoblauch abziehen und durch die Presse drücken. Die Kräuter abspülen, trockenschütteln und fein hacken. Die Semmelbrösel in einem Esslöffel Olivenöl kurz anrösten. Mit dem Knoblauch, den Kräutern und vier Esslöffel Parmesan vermischen. Zwei Esslöffel Olivenöl unterrühren und mit Salz und Pfeffer würzen.

Die Tomaten abziehen, entkernen (siehe Seite 34) und fein würfeln. Den Mozzarella in kleine Würfel schneiden. Die Hälfte der Mozzarellawürfel mit einem Drittel der Tomatenwürfel mischen und mit Salz und Pfeffer würzen.

Die Auberginenscheiben mit der Bröselmischung bestreichen, darauf etwas von der Mozzarella-Tomaten-Mischung geben. Die Auberginenscheiben von der dickeren Seite her aufrollen und nebeneinander in eine gefettete, ofenfeste Form setzen.

Restliche Tomaten- und Mozzarellawürfel über den Auberginenröllchen verteilen und den restlichen Parmesan darüber streuen. Mit dem restlichen Olivenöl beträufeln.

Im vorgeheizten Backofen bei 225 Grad, Umluft 200 Grad, Gas Stufe 4 etwa 20 bis 25 Minuten überbacken. Die Tomaten sollten brodeln und der Käse in der Füllung sollte geschmolzen sein. Etwas abkühlen lassen und lauwarm servieren.

In den letzten fünf Jahren haben sich Rotweine aus Portugal als absoluter Geheimtipp entpuppt! Ideal zu den Auberginenröllchen: der Trincadeira von Joao Ramos, Alentejano. Er duftet nach frischen Kräutern, im Geschmack zeigt er eine intensive Frucht.

Lachs in Blätterteig mit Estragonsoße

Für 4 Portionen
Fertig in 1 Stunde 30 Minuten

Lachs: 75 g Zanderfilet | Salz | 1 Ei | 75 g Crème double oder Crème fraîche | frisch geriebene Muskatnuss | frisch gemahlener Pfeffer | 4 große Wirsingblätter | 200 g TK-Blätterteig | Mehl zum Ausrollen | 2 Lachsfilets à 200 g | 1 Eigelb

Soße: 1 Schalotte | 100 ml Weißwein | 1 EL Noilly Prat (trockener Wermut) | 1/2 l Fischfond | 75 g Crème fraîche | Salz | 1 TL Estragon-Essig | einige Blätter Estragon

Spanien ist eher für seine Rotweine bekannt, im Nordwesten in Rias Baixas, was zu Galicien gehört, wachsen aber auch exzellente Weißweine. Sie heißen Albariño, nach der gleichnamigen Rebsorte, sind sehr mineralisch im Geschmack und mit einem feinen Säuregerüst ausgestattet. Zu Fisch und Meeresfrüchten schmeckt ein Albariño unglaublich gut, wobei hier die Estragonsoße den besonderen Kick gibt. Meine Empfehlung: ein Albariño von Pazo de Senorans, Rias Baixas.

Wärmstens zu empfehlen ist ein schnelles Kartoffelgratin. 600 Gramm Kartoffeln schälen und in hauchdünne Scheiben hobeln. In eine gefettete, ofenfeste Form geben und mit einem Guss aus 150 Gramm Schlagsahne, Salz, Pfeffer, Muskat und einer zerdrückten Knoblauchzehe übergießen. Bei 160 Grad, Umluft 130 Grad, Gas Stufe 1–2 ist es in etwa 45 Minuten gar.

Für den Lachs: Das eiskalte Zanderfilet salzen und im Mixer fein pürieren. Ei und Crème double hinzugeben, mit Muskat und Pfeffer würzen und zu einer glatten Masse verrühren. Durch ein feines Sieb streichen und kalt stellen.

Die Wirsingblätter in kochendem Salzwasser etwa zwei Minuten kochen, unter kaltem Wasser abspülen, abtropfen lassen.

Den Blätterteig auftauen und auf wenig Mehl dünn ausrollen. In zwei 20 x 26 cm große Stücke schneiden und mit den Wirsingblättern belegen. Die Fischfarce aufstreichen und die mit Salz und Pfeffer gewürzten Lachsfilets darauf legen. Den Blätterteig über den Fisch schlagen und zwei Päckchen formen.

Die Päckchen auf ein mit Backpapier ausgelegtes Blech setzen, mit dem verquirlten Eigelb bestreichen und 30 Minuten ruhen lassen.

Die Fischpäckchen im vorgeheizten Ofen bei 160 Grad, Umluft 130 Grad, Gas Stufe 1–2 etwa 15 Minuten backen.

Inzwischen für die Soße die Schalotte abziehen, fein würfeln und mit Weißwein und Noilly Prat aufkochen. Fischfond dazugeben und auf ein Viertel einkochen lassen.

Crème fraîche zufügen. Die Soße mit Salz und Estragon-Essig abschmecken und mit dem Stabmixer schaumig aufschlagen. Die Estragonblättchen hacken und unterrühren.

Die Fischpäckchen diagonal halbieren und zusammen mit der Soße auf Tellern anrichten. Dazu passen Kartoffelgratin und in Butter gedünstete Tomaten.

Lachs in knuspriger Hülle
mit feiner Fülle

Tomatisierte Nudeln

Für 4 Portionen
Fertig in 30 Minuten

1,2 kg aromatische Tomaten | 1/2 rote Paprikaschote | 1 Zwiebel | 2 Knoblauchzehen | 2 EL Olivenöl | 1 EL brauner Zucker | je 1 TL Piment- und Pfefferkörner | 1 Lorbeerblatt | 1 TL Rosenpaprika | Salz | 1/2 – 1 EL weißer Balsam-Essig | 200 g Farfalle (Schleifchen-Nudeln) | 100 g Cocktailtomaten und einige Stängel Basilikum zum Dekorieren | 40 g frisch geriebener Parmesan-Käse

Tomaten und Paprikaschote abspülen und in Stücke schneiden. Zwiebel und Knoblauch abziehen, würfeln und im Olivenöl anbraten. Die Hälfte der Tomaten und alle Paprikastücke dazugeben und bei großer Hitze fünf Minuten anbraten.

Den Zucker dazugeben und zwei Minuten weiterbraten. Die Gewürze und die restlichen Tomaten hinzufügen. Mit Salz abschmecken und weiter bei großer Hitze unter häufigem Umrühren noch etwa zehn Minuten kochen.

Die Soße durch ein Spitzsieb drücken und mit Essig abschmecken. Die Soße weiter einkochen lassen, bis sie die Konsistenz von Ketchup hat.

Die Nudeln nach Packungsanweisung in Salzwasser (ohne Ölzugabe) bissfest kochen und sofort mit der heißen Tomatensoße vermischen. Mit halbierten Cocktailtomaten und Basilikum servieren, Parmesan extra dazu reichen.

Zu den Nudeln gehört ein leichter und unkomplizierter Wein: warum nicht ein deutscher, der auch im Alkohol oft leichter ausfällt? Das könnte ein Weißherbst Kabinett trocken sein oder ein Rivaner von der Mosel, aus Rheinhessen oder Württemberg. Bei beiden Sorten haben Sie leichte frische und herrlich fruchtige Weine. Meine Empfehlung: ein Graf Neipperg Rivaner QbA trocken, Weingut des Grafen Neipperg, Württemberg.

Lachsmaultaschen

Für 4 Portionen
Ohne Wartezeit fertig in 1 Stunde

Teig: 200 g Mehl | Salz | 2 Eier | 1 TL Öl | Mehl zum Bearbeiten

Füllung: 200 g Lachsfilet | 225 g Schlagsahne | 50 g Crème fraîche | 2 Eiweiß | Saft von einer halben Zitrone | Salz | frisch gemahlener weißer Pfeffer | 1/2 l Fischfond | 1/4 l Weißwein oder Brühe mit etwas Zitronensaft | evtl. 1 EL heller Soßenbinder

Für den Teig: Das Mehl auf die Arbeitsfläche sieben. Zusammen mit einer Prise Salz, Eiern, Öl und zwei Esslöffel lauwarmem Wasser zu einem glatten Teig verkneten. Dünn mit Mehl bestäuben und zugedeckt bei Zimmertemperatur etwa 30 Minuten ruhen lassen.

Für die Füllung: Lachsfilet in kleine Stücke schneiden und im Mixer fein pürieren. Mit 100 Gramm Sahne, Crème fraîche, einem Eiweiß und Zitronensaft zu einer glatten Masse verarbeiten. Salzen, pfeffern und kalt stellen.

Den Nudelteig auf einer bemehlten Arbeitsfläche oder mit der Nudelmaschine dünn ausrollen. Mit einem Teigrädchen Rechtecke von 7 x 15 cm zurechtschneiden.

Auf die untere Hälfte der Teigstücke jeweils einen Esslöffel Fischfarce geben, die Teigränder mit dem restlichen, verquirlten Eiweiß bestreichen und die obere Teighälfte darüber klappen und festdrücken.

Fischfond und Weißwein aufkochen und die Maultaschen darin etwa 15 Minuten gar ziehen lassen.

Die Maultaschen warm stellen und den Sud auf die Hälfte einkochen. Die restliche Sahne zugeben, mit Salz und Pfeffer abschmecken und eventuell mit Soßenbinder binden.

Die Maultaschen auf Tellern anrichten und mit der Soße überziehen. Dazu passt Blattspinat mit Tomaten und Lauchzwiebeln.

Ein guter Chablis (auch aus der Chardonnaytraube) zeichnet sich durch seine Eleganz und stahlige Art aus, ein perfekter Begleiter zum Lachs. Ich empfehle Ihnen einen Chablis Premier Cru von Guy Laroche, Chablis.

Fischfilet im Teigblatt

Foto auf Seite 48
Für 4 Portionen
Fertig in 40 Minuten

Soße: 1 rote Paprikaschote | 1 kleine Schalotte | 1 Knoblauchzehe | 1 EL Butter | 50 ml Weißwein oder Brühe mit Zitronensaft | 200 ml Fischfond | einige Safranfäden | 100 g Schlagsahne | Salz | frisch gemahlener Pfeffer | Zitronensaft | 1/2 Bund Kerbel

Fischpäckchen: 100 g Pilze (z. B. Champignons, Pfifferlinge) | 1 kleine Zwiebel | etwa 125 g Butter | 400 g Fischfilet (z. B. Lengfisch) | Salz | frisch gemahlener Pfeffer | 16 Yufka-Teigblätter (türkisches Lebensmittelgeschäft) | Schnittlauch

Ein Grüner Veltliner aus Österreich duftet nach frischem Heu, frischen Kräutern und ist einfach knackig im Geschmack. Im Konzert mit der Kerbel-Safran-Soße passt er ideal zum Fischfilet. Mein Favorit: ein Grüner Veltliner Privat vom Weingut Nigl, Krems.

Für die Soße: Die Paprikaschote halbieren, entkernen und die Trennwände herausschneiden. Paprika fein würfeln. Die Schalotte und die Knoblauchzehe abziehen und fein hacken.

Schalotte und Knoblauch in der Butter anbraten, Weißwein dazugießen. Einkochen, dann den Fischfond und die Safranfäden dazugeben. Zehn Minuten kochen lassen.

Die Sahne hinzufügen und weitere fünf Minuten kochen lassen. Mit Salz, Pfeffer und Zitronensaft abschmecken.

Für die Fischpäckchen: Die Pilze putzen, die Zwiebel abziehen und beides fein würfeln. In einem Esslöffel Butter etwa fünf Minuten bei mittlerer Hitze braten.

Das Fischfilet in acht Stücke teilen und von Gräten befreien. Mit Salz und Pfeffer würzen.

Die Teigblätter doppelt legen, mit flüssiger Butter bestreichen, in die Mitte ein Stück Fisch setzen und einen Teelöffel Pilze darauf geben. Die Teigblätter mit einem Schnittlauchhalm oder mit Küchenband zu einem Beutel zusammenbinden.

Die Fischbeutel in einer Pfanne in der restlichen Butter etwa drei Minuten nur von unten anbraten, dann im vorgeheizten Backofen bei 180 Grad, Umluft 160 Grad, Gas Stufe 2–3 etwa zehn Minuten backen.

Die Soße mit Paprikawürfeln und Kerbelblättchen nochmals erwärmen. Die Fischpäckchen auf Teller geben, mit der Soße servieren.

Dazu passt gebratene Polenta (Rezept Polentablüten Seite 26).

Zanderfilet in Orangenbuttersoße

Für 4 Portionen
Fertig in 30 Minuten

3 unbehandelte Orangen | 225 g Butter | 1 Knoblauchzehe | 1–2 TL Zucker | Salz | frisch gemahlener Pfeffer | 2 EL Weißwein oder Orangensaft | Chilipulver | 4 Zanderfilets à 180 g

Die Orangenbuttersoße verträgt sich ganz hervorragend mit einem Riesling Spätlese. Egal, ob ganz trocken ausgebaut oder mit Restsüße, er sollte nur nicht zu leicht sein. Wunderbar schmeckt der Forster Pechstein Riesling Spätlese trocken vom Weingut Mosbacher, Pfalz.

Die Orangen heiß abspülen, trockenreiben, die Schale dünn abschneiden, den Saft auspressen. Die Schale in feine Streifen schneiden.

Die Butter bis auf einen Esslöffel schmelzen. Knoblauch abziehen und zerdrücken.

Orangensaft und -schale mit Knoblauch, Zucker, Salz, Pfeffer, Weißwein und einer Prise Chilipulver aufkochen und bei großer Hitze auf die Hälfte einkochen lassen. Die geschmolzene Butter mit einem Schneebesen unterschlagen. Die Soße warm halten, aber nicht kochen.

Die Fischfilets abspülen, trockentupfen und mit Salz und Pfeffer würzen. In der restlichen Butter etwa sechs Minuten braten.

Die Fischfilets mit Orangensoße anrichten. Dazu passen Kartoffeln und Zuckerschoten.

Rotbarschwickel mit Mangosoße

Für 4 Portionen
Fertig in 50 Minuten

Fisch: 8 Rotbarschfilets à etwa 75 g | 2 EL Zitronensaft | Salz | 24 große Spinatblätter | 1 EL Olivenöl | 4 Möhren | 1 gelbe Zucchini | 100 g Zuckerschoten | 1 Rosmarinzweig | 2 EL Butter

Mangosoße: 1 Schalotte | 1 reife Mango | 1 EL Olivenöl | 2 EL Weißwein oder Brühe | 1/4 l Gemüsebrühe | 200 g Schlagsahne | Salz | frisch gemahlener Pfeffer

Haben Sie schon Weine aus Südafrika gekostet? Perfekt zu den Rotbarschwickeln ist ein Sauvignon Blanc vom Kap. Sauvignon Blanc ist bekannt für seine grasigen und kräuterigen Aromen, die zu Gemüse sehr gut passen, und für seine exotischen Fruchtaromen (Mango und Passionsfrucht). Einer meiner Favoriten ist der Sauvignon Blanc von Boschendal, Franschhoek.

Fisch mit Zitronensaft beträufeln und salzen. Spinatblätter mehrfach in kaltem Wasser abspülen, um alle Sandreste zu entfernen. Spinat putzen und 30 Sekunden in kochendes Salzwasser geben. Herausnehmen, kalt abspülen und gut abtropfen lassen.

Fischfilets im Olivenöl kurz anbraten, herausnehmen und in jeweils drei Spinatblätter wickeln. In eine ofenfeste Form oder auf die Fettpfanne des Backofens legen.

Gemüse putzen, in Rauten schneiden und in sehr salzigem Wasser zwei Minuten kochen. In Eiswasser abkühlen und abtropfen lassen.

Inzwischen für die Mangosoße die Schalotte abziehen und fein würfeln. Mango schälen, vom Kern schneiden und grob würfeln. Die Schalotte im Olivenöl anbraten, Weißwein und Mango dazugeben. Kurz andünsten, dann Gemüsebrühe und 100 Gramm Schlagsahne dazugeben und einige Minuten einkochen.

Die Fischpäckchen im vorgeheizten Backofen bei 180 Grad, Umluft 160 Grad, Gas Stufe 2–3 etwa zwölf Minuten garen.

Die Soße mit dem Stabmixer fein pürieren, mit Salz und Pfeffer würzen und die restliche, steif geschlagene Sahne unterrühren.

Gemüse zusammen mit etwas Rosmarin in der Butter kurz anbraten. Je zwei Rotbarschwickel mit Gemüse und Soße anrichten.

Die Soße wird schaumiger, wenn die Schlagsahne erst kurz vor dem Servieren untergerührt wird.

Spaghetti mit roter Zwiebelsoße

Für 4 Portionen
Fertig in 20 Minuten

5 rote Zwiebeln | 400 g Spaghetti | Salz | 3 EL Olivenöl | evtl. 50 ml Gemüsebrühe | 3–4 EL Rotwein-Essig | frisch gemahlener Pfeffer | 100 g Rauke | 50 g frisch geriebener Parmesan-Käse

Die Zwiebeln abziehen und in feine Spalten schneiden. Die Spaghetti nach Packungsanweisung in Salzwasser bissfest kochen.

Inzwischen die Zwiebeln im heißen Olivenöl fünf bis acht Minuten weich dünsten, eventuell die Gemüsebrühe zugeben. Mit Essig, Salz und Pfeffer würzen.

Die Rauke putzen, abspülen, trockenschütteln und grob hacken. Unter die Zwiebeln mischen und ganz kurz mitdünsten.

Die Soße mit den abgetropften Nudeln vermischen und mit Parmesan bestreuen. Sofort servieren.

Ein unkomplizierter Wein zu einem unkomplizierten Gericht: Der Gutedel ist sehr leicht. Im Duft hat er ein unverkennbares Aroma, das an Nüsse und Mandeln erinnert – eine ideale Ergänzung zur Rauke. Ich empfehle Ihnen einen Scherzinger Batzenberg Gutedel Kabinett trocken, Weingut E. Heinemann, Baden.

Rotbarsch in Zitronengrassoße

Für 4 Portionen
Fertig in 30 Minuten

Soße: 1 EL Butter | 1 EL Mehl | 200 ml Weißwein oder Apfelsaft | 1/4 l Fischfond | 2 Stängel Zitronengras | 75 g Crème fraîche | Saft einer halben Zitrone | Salz | frisch gemahlener Pfeffer

Fisch: 4 Rotbarschfilets à 150 g | Salz | frisch gemahlener Pfeffer | 2 EL Mehl | 2 EL Olivenöl | 2 Thymianstängel | 1 Zwiebel | 1 kleine Aubergine | 1 kleine Zucchini

Für die Soße: Die Butter schmelzen. Das Mehl dazugeben und unter Rühren andünsten. Weißwein und Fischfond zugießen und aufkochen lassen.

Das Zitronengras mehrmals einritzen und dazugeben. Die Soße etwa fünf Minuten kochen lassen. Zitronengras herausnehmen und Crème fraîche einrühren. Die Soße mit Zitronensaft, Salz und Pfeffer abschmecken.

Die Fischfilets abspülen, trockentupfen und mit Salz und Pfeffer würzen. Mit Mehl bestäuben und in einem Esslöffel heißem Öl von jeder Seite etwa vier Minuten braten. Die Thymianblättchen abzupfen, fein hacken und über den Fisch streuen.

Nebenbei die Zwiebel abziehen und fein würfeln; Aubergine und Zucchini putzen und würfen. Alles im restlichen Öl fünf Minuten andünsten. Mit Salz und Pfeffer würzen.

Die Soße wieder erwärmen. Das Gemüse auf Tellern anrichten und jeweils ein Fischfilet darauf setzen. Mit etwas Soße übergießen, die restliche Soße separat servieren.

Rotbarsch in Zitronengrassoße

Spaghetti mit roter Zwiebelsoße

Mit den Aromen der Zitronengrassoße harmoniert ein Riesling besonders gut. Die Rieslinge von der Mosel besitzen Weltruf und sind sehr mineralisch mit feinen Zitrusaromen. Ich empfehle Ihnen einen Ürziger Würzgarten Riesling Spätlese trocken vom Weingut Dr. Loosen, Mosel.

Hummerragout mit Champagner-Trüffel-Soße

Für 4 Portionen
Fertig in 20 Minuten

2 gekochte Hummer à etwa 500 g | 1 Möhre | 1 Zucchini | Salz | 1 Schalotte | 50 g gesalzene Butter | 100 ml Champagner oder Winzersekt | 50 g schwarze Trüffel (evtl. eingelegt aus dem Glas) | frisch gemahlener Pfeffer

Schon beim Lesen des Rezepts läuft einem das Wasser im Mund zusammen! Himmlisch die Champagnersoße zum Hummer, die geradezu nach einem Champagner verlangt. Ein etwas kräftiger Champagner lässt sich sehr gut zum Essen durchtrinken; in diesem Fall lohnt es sich, einen Jahrgangschampagner oder eine Cuvée Prestige zu kaufen. Exzellent: der Champagner Dom Ruinart von Ruinart.

Die Hummer längs halbieren. Das Hummerfleisch aus dem Schwanz herauslösen und in Würfel schneiden. Die Scheren vorsichtig auslösen. Die vorderen Hummerstücke gründlich säubern und für die Dekoration beiseite legen.

Die Möhre schälen und in feine Stäbchen schneiden, die Zucchini ebenfalls in Stäbchen schneiden. Beide Gemüse in kochendem Salzwasser etwa eine Minute sprudelnd kochen, dann unter kaltem Wasser abspülen.

Die Schalotte fein würfeln und in einem Esslöffel Butter andünsten. Restliche Butter in Stückchen schneiden und in den Tiefkühler stellen. Den Champagner zur Schalotte geben und etwas einkochen lassen.

Die Trüffel schälen oder abbürsten und in dünne Scheiben schneiden. Gemüse, Trüffel und Hummer in den Champagnersud legen und vorsichtig erwärmen.

Hummerfleisch, Gemüse und Trüffel mit einer Schaumkelle herausnehmen und auf vorgewärmte Teller geben.

Die restliche, eiskalte Butter unter den Sud rühren und mit Salz und Pfeffer würzen.

Die Soße über Hummer, Gemüse und Trüffel gießen und das Ragout mit den Hummerschalen dekorieren.

Eine günstige Alternative zu echter Trüffel bietet Trüffelbutter aus dem Glas.

Ein Festessen
für **ganz besondere**
Anlässe

Die besten
Nachspeisen

Das süße Finale

Da kann keiner widerstehen: Mousse, Parfait, Flan, Creme oder frische Früchte – ein feines Dessert ist für jeden die absolute Krönung eines schönen Festessens.

Gratinierte **Beeren**

Für 4 Portionen
Fertig in 30 Minuten

500 g gemischte Beeren (Himbeeren, Brombeeren, Johannisbeeren, evtl. TK) | 2 EL Zitronensaft | 2 Eier | 3 EL Zucker | 1 Päckchen Vanillezucker | 1/2 TL abgeriebene Zitronenschale | evtl. 2 EL Mandel- oder Orangenlikör

Frische Beeren vorsichtig abspülen und trockentupfen oder putzen; gefrorene Beeren auftauen lassen. Mit dem Zitronensaft beträufeln.

Die Eier trennen. Eigelbe mit Zucker, Vanillezucker, Zitronenschale und eventuell Likör glatt rühren. Die Eiweiße steif schlagen und den Eischnee unter die Eigelbcreme ziehen.

Die Beeren in vier ofenfeste Förmchen geben und den Eierschaum darüber gießen. Im vorgeheizten Backofen bei 200 Grad, Umluft 170 Grad, Gas Stufe 3 etwa sechs Minuten überbacken. Sofort servieren.

Frisch und frostig. Frische Beeren sind außerhalb der Saison meistens schwer zu bekommen, sehr teuer und oftmals nicht besonders aromatisch. Eine gute Alternative sind tiefgekühlte Beeren oder Beerenmischungen. Die Früchte am besten in einem Sieb im Kühlschrank auftauen lassen, mit Zucker abschmecken und wie im Rezept angegeben weiterverarbeiten. Oder Sie nehmen anstelle der Beeren Früchte, die Sie in guter Qualität auf dem Markt bekommen, zum Beispiel Ananas, Mango, Grapefruit oder Orangen.

Versunkene Kirschen

Für 4 Portionen
Fertig in 15 Minuten

50 g Mandelblättchen | 250 g Magerquark | 200 g Schmand (saure Sahne, mindestens 24 % Fett) | 200 g Schlagsahne | 1–2 EL Zucker | 1 Päckchen Vanillezucker | 1 Glas Sauerkirschen (Abtropfgewicht 360 g) | 3 fertige Baiser-Ringe | 50 g Zartbitterschokolade

Die Mandelblättchen in einer Pfanne ohne Fett hellbraun anrösten; abkühlen lassen.

Quark und Schmand verrühren. Die Sahne halbsteif schlagen und unterheben, alles mit Zucker und Vanillezucker abschmecken.

Die Kirschen auf einem Sieb abtropfen lassen und in eine Schüssel, Gläser oder Portionsschälchen geben.

Die Baisers über den Kirschen zerkrümeln, die Quarkmasse darauf geben. Die Zartbitterschokolade raspeln und zusammen mit den Mandelblättchen darüber streuen.

Pavlova mit Passionsfrucht-Quark

Für 6 Portionen
Ohne Wartezeit fertig in 1 Stunde

Pavlova: 4 Eiweiß | Salz | 150 g Zucker | 1 EL Speisestärke | 1 TL Obst-Essig

Quark: 2 Blatt weiße Gelatine | 1 frisches Eigelb | 250 g Magerquark | 2 EL Zucker | 1 Päckchen Vanillezucker | 250 g Schlagsahne | 8 Passionsfrüchte (Maracuja)

Die Quarkcreme schmeckt auch pur, mit anderen Früchten oder Obstsalat. Falls Sie Ananas oder Kiwis verwenden, heben Sie die Früchte erst kurz vor dem Servieren unter die Quarkcreme: Quark, Joghurt und Co. werden durch ein Enzym in frischen Ananas und Kiwis schnell bitter.

Für den Pavlova-Boden: Die Eiweiße mit einer Prise Salz steif schlagen. Den Zucker mit der Speisestärke mischen und langsam einrieseln lassen, dabei weiterschlagen. Ebenso den Essig dazugeben.

Eine Springform (Durchmesser 24 cm) mit Backpapier auslegen und die Masse hineingeben; den Rand ein wenig höher formen.

Die Form auf die untere Schiene des kalten Backofens stellen und bei 150 Grad, Gas Stufe 1 etwa 50 Minuten trocknen und dann im geschlossenen Backofen auskühlen lassen (Baiser gelingt nicht gut bei Umlufttemperatur). Den Ofen während des Backens und Auskühlens nicht öffnen!

Für den Quark: Die Gelatine in kaltem Wasser einweichen. Das Eigelb mit dem Quark verrühren, Zucker und Vanillezucker unterrühren.

Die Gelatine ausdrücken, auflösen (siehe Seite 37) und unter die Quarkmasse heben. Die Sahne steif schlagen und vorsichtig unterziehen.

Die Passionsfrüchte halbieren und die Kerne auskratzen. Die Fruchtkerne kurz vor dem Servieren unter die Quarkmasse rühren, dabei etwas Fruchtfleisch beiseite stellen. Einen Teil der Quarkmasse auf die Pavlova geben, mit dem übrigen Fruchtfleisch dekorieren. Den restlichen Quark separat servieren.

Mini-Ofenschlupfer

Für 4 Portionen
Fertig in 1 Stunde

250 g mürbe Äpfel | 3 EL Zucker | 3 Brötchen vom Vortag | 3/8 l Milch | Schale von einer halben unbehandelten Zitrone | Zimt | 2 EL Rosinen | 1 Ei | Fett für die Förmchen | Puderzucker zum Bestreuen

Die Äpfel schälen, Kerngehäuse entfernen und das Fruchtfleisch in feine Scheiben schneiden. Die Apfelblättchen mit drei Esslöffel Wasser und der Hälfte des Zuckers etwa fünf Minuten weich dünsten.

Die Brötchen in dünne Scheiben schneiden. Einen Viertelliter Milch mit dem restlichen Zucker, der Zitronenschale und einer Prise Zimt vermischen und über die Brötchen gießen. Zehn Minuten einweichen lassen.

Brötchen und Apfelscheiben abwechselnd in vier kleine, gefettete, ofenfeste Förmchen schichten. Die Rosinen darüber streuen.

Das Ei mit der restlichen Milch verquirlen und in die Förmchen gießen.

Im vorgeheizten Backofen bei 170 Grad, Umluft 150 Grad, Gas Stufe 1–2 etwa 30 Minuten hellbraun backen. Aus den Förmchen stürzen und mit Puderzucker bestäuben.

Orangenflan in Karamell

Für 4 Portionen
Fertig in 1 Stunde 30 Minuten

170 g Zucker | 1 TL Zitronensaft | 3 Eier | 1 Eigelb | 2 unbehandelte Orangen | 150 g Schlagsahne | 200 ml Milch | 1 Vanilleschote | Fett für die Förmchen | evtl. etwas Minze zum Garnieren

120 Gramm Zucker mit drei Esslöffel Wasser und dem Zitronensaft karamellisieren (siehe rechts). Vier Förmchen oder Tassen einfetten und den Karamell hineingießen.

Eier, Eigelb und den restlichen Zucker mit den Quirlen des Handrührers weiß-cremig aufschlagen. Die abgeriebene Schale einer Orange unterheben.

Sahne, Milch und das ausgekratzte Vanillemark einmal aufkochen, etwas abkühlen lassen und noch heiß mit den Eiern verrühren.

Die Masse auf die Förmchen verteilen und in die Fettpfanne des Backofens oder in eine große Gratinform setzen. Heißes Wasser dazugießen, so dass die Förmchen zu zwei Dritteln im Wasser stehen.

Im vorgeheizten Backofen bei 160 Grad, Umluft 130 Grad, Gas Stufe 1–2 etwa eine Stunde garen, bis der Flan fest ist. Die Förmchen herausnehmen und abkühlen lassen.

Die Orangen dick abschälen und die Filets zwischen den Trennwänden herausschneiden.

Den Flan mit einem spitzen Messer vom Rand lösen und aus den Förmchen stürzen. Mit den Orangenfilets anrichten und eventuell mit Minzezweigen garnieren.

Orangenflan in Karamell

Mini-Ofenschlupfer

Vorsicht, heißer Zucker!

Häufig wird in unseren Rezepten karamellisiert, weil vieles mit einem Hauch Karamell besser schmeckt. Möhren bekommen ein feines Aroma, Zwiebeln werden in etwas Karamell sanft, und im Kapitel Desserts ist Karamell nicht wegzudenken. So geht's: Zucker in einer trockenen Pfanne (oder mit wenig Flüssigkeit) schmelzen, bis er eine hellbraune Farbe angenommen hat. Jetzt sofort vom Herd nehmen, damit der Zucker nicht verbrennt und bitter wird. In den geschmolzenen Zucker vorsichtig, weil es spritzen kann, Flüssigkeit geben und alles einmal aufkochen. Den Karamell wie im Rezept beschrieben weiterverwenden.

Crêpes mit Rosmarineis

Für 4 Portionen
Ohne Wartezeit fertig in 40 Minuten

Eis: 1/2 l Milch | 50 g Schlagsahne | 70 g Zucker | 60 g Traubenzucker | 50 g Panna di cucina (italienische Sahne zum Kochen, oder Crème double) | 2 Rosmarinzweige

Crêpes: 100 g Mehl | Salz | 2 TL Zucker | 2 Eier | 2 Eigelb | 100 ml Milch | 100 ml Mineralwasser | 2 EL flüssige Butter | Butter zum Braten

Dekoration: 4 kleine Rosmarinzweige | 2 EL Zucker

Vanillesoße: 1/2 Vanilleschote | 1/8 l Milch | 125 g Schlagsahne | 2 Eigelb | 50 g Zucker

Für das Eis: Milch und Sahne erhitzen, aber nicht kochen. Zucker und Traubenzucker darin auflösen und die Panna di cucina zugeben. Aufkochen, die Rosmarinzweige zufügen und etwa drei Minuten kochen lassen. Auf der ausgeschalteten Herdplatte etwa eine Stunde ziehen lassen.

Die Masse über einem Eisbad kaltschlagen und durch ein Sieb gießen, dann in einer Eismaschine gefrieren oder mindestens drei Stunden im Tiefgefrierer frieren (siehe Seite 104).

Für die Crêpes: Mehl, eine Prise Salz, Zucker, Eier, Eigelbe, Milch und Mineralwasser verrühren. Die flüssige Butter unterrühren und den Teig 45 Minuten ruhen lassen.

Nacheinander in einer beschichteten Pfanne in wenig Butter vier goldgelbe Crêpes backen. Auskühlen lassen und kalt stellen.

Für die Dekoration: Die Rosmarinzweige mit Küchenkrepp abreiben oder abspülen und gründlich trocknen lassen. Zucker in einer kleinen Pfanne schmelzen, drei bis vier Esslöffel Wasser zufügen und aufkochen lassen. Die Rosmarinzweige im Zuckersirup zwei Minuten ziehen und dann auf Küchenkrepp abtropfen lassen.

Für die Vanillesoße: Die Vanilleschote aufschneiden und mit der Milch und der Sahne erhitzen, aber nicht kochen. Die Schote nach zehn Minuten herausnehmen.

Eigelbe und Zucker in einer Metallschüssel glatt rühren und die heiße Vanillemilch dazugeben. Über einem heißen Wasserbad unter ständigem Rühren erhitzen, bis die Soße bindet und etwas dicker wird.

Die Crêpes im Backofen bei 100 Grad, Umluft 80 Grad, Gas Stufe 1 langsam erwärmen.

Zum Anrichten jeweils eine Crêpe auf einen Teller geben, eine Kugel Rosmarineis darauf setzen und die Crêpe zusammenklappen. Mit etwas Vanillesoße begießen und mit den Rosmarinzweigen dekorieren.

Trifle mit Vanilleflammeri

Für 4 Portionen
Ohne Wartezeit fertig in 40 Minuten

1/2 Vanilleschote | 1/2 l Milch | 40 g Zucker | 2 Päckchen Vanillezucker | Salz | 2 Eigelb | 30 g Speisestärke | 250 g Cantuccini-Kekse (italienische Mandelkekse) | 1 Dose Pfirsichspalten (850 g Einwaage) | evtl. 8 EL Amaretto (Mandellikör) | 250 g Schlagsahne | 25 g Mandelblättchen

Die Vanilleschote der Länge nach aufschneiden und das Mark herauskratzen. Sechs Esslöffel Milch zum Anrühren der Speisestärke beiseite stellen. Restliche Milch, Zucker, Vanillezucker, Vanillemark und eine Prise Salz aufkochen.

Die Eigelbe mit der beiseite gestellten Milch und der Speisestärke gut verrühren. Die heiße Vanillemilch vom Herd nehmen und die angerührte Speisestärke langsam unterrühren. Nochmals unter Rühren aufkochen lassen. Den Flammeri unter gelegentlichem Rühren vollständig abkühlen lassen.

Cantuccini-Kekse grob zerbrechen. Pfirsiche auf einem Sieb abtropfen lassen, den Saft auffangen. 100 ml Pfirsichsaft eventuell mit Amaretto verrühren. Die Kekse mit dem Saft beträufeln und leicht einziehen lassen.

100 Gramm Schlagsahne steif schlagen und zusammen mit der restlichen, flüssigen Sahne unter den Flammeri heben.

Die Hälfte der Kekse in eine Schüssel geben und darauf die Hälfte der Pfirsichspalten verteilen. Die Hälfte des Vanilleflammeris darüber gießen. Restliche Kekse und Pfirsichspalten darauf verteilen, mit dem restlichen Flammeri begießen. Mindestens zwei Stunden im Kühlschrank durchziehen lassen.

Mandelblättchen ohne Fett in einer Pfanne hellbraun rösten und den Trifle damit bestreuen.

Schneller geht's mit fertigem Vanillepudding. Dann unter etwa 500 Gramm fertigen Pudding 200 Gramm steif geschlagene Sahne heben und den Trifle mit Keksen und Früchten einschichten. Wer mag, gibt statt Amaretto Eierlikör auf die Kekse.

Kiwis mit Orangen-Kardamom-Sirup

Für 4 Portionen
Fertig in 25 Minuten

1 Vanilleschote | 5 grüne Kardamomkapseln | 75 g Zucker | 450 ml frisch gepresster Orangensaft | 6 reife Kiwis | 350 ml Vanilleeis

Die Vanilleschote aufschneiden und das Mark herauskratzen. Die Kardamomkapseln aufbrechen, die kleinen schwarzen Samen herauslösen und im Mörser zerstoßen.

Zucker karamellisieren lassen (siehe Seite 93). Orangensaft, Kardamom und Vanillemark dazugeben und auf die Hälfte einkochen.

Die Kiwis schälen und in Spalten schneiden. Zusammen mit dem Vanilleeis in Dessertgläser geben und mit dem Sirup übergießen.

Joghurtspeise mit Beerenpüree

Foto auf Seite 86
Für 4–6 Portionen
Ohne Wartezeit fertig in 15 Minuten

Joghurtspeise: 350 g Vollmilchjoghurt | 350 g Crème fraîche | 100 g Puderzucker | 2 Eiweiß

Beerenpüree: 300 g gemischte Beeren (z. B. Himbeeren, Brombeeren, Johannisbeeren, evtl. TK) | 2 EL Puderzucker | Zitronensaft | evtl. Cassis (schwarzer Johannisbeerlikör) | frische Beeren zum Dekorieren

Für die Joghurtspeise: Joghurt, Crème fraîche und Puderzucker vermischen. Eiweiße steif schlagen und unterheben. Ein feines Sieb mit einem Mulltuch auslegen und die Masse hineingeben. Einen Tag zugedeckt im Kühlschrank abtropfen lassen.

Für das Beerenpüree: Die Beeren und den Puderzucker mit dem Stabmixer pürieren und durch ein Sieb streichen. Mit Zitronensaft und eventuell Cassis abschmecken.

Die Joghurtspeise auf eine Platte stürzen und mit frischen Beeren dekorieren. Das Beerenpüree extra dazu servieren.

Campari-Gelee mit Eierlikörsoße

Für 6 Portionen
Ohne Wartezeit fertig in 20 Minuten

Gelee: 1/2 l Orangensaft (am besten frisch gepresst) | Saft von eineinhalb Zitronen | 9 Blatt rote Gelatine | 150 g Zucker | 100 ml Campari

Soße: 300 g Schmand oder 150 g saure Sahne und 150 g Crème fraîche | 100 g Schlagsahne | 2 Päckchen Vanillezucker | 50–100 ml Eierlikör | Beeren zum Dekorieren

Für das Gelee: Die beiden Fruchtsäfte durch ein Sieb gießen. Die Gelatine in kaltem Wasser einweichen.

Die Hälfte des Saftes mit dem Zucker erhitzen, bis der Zucker vollständig gelöst ist. Die Gelatine ausdrücken und in der warmen Flüssigkeit auflösen. Campari und den restlichen Saft dazugeben.

Die Flüssigkeit in eine Schüssel oder sechs Gläser füllen. Im Kühlschrank mindestens vier Stunden fest werden lassen.

Für die Soße: Den Schmand glatt rühren, die Sahne zusammen mit dem Vanillezucker steif schlagen. Sahne unter den Schmand rühren. Eierlikör je nach Geschmack dazugeben und unterrühren. Die Soße kalt stellen.

Campari-Gelee mit frischen Beeren dekorieren und die Eierlikörsoße dazu servieren.

Ein durch und durch **fruchtiges, leicht beschwipstes Vergnügen**

Beschwipste Schokotütchen

Für 6 Portionen
Ohne Wartezeit fertig in 30 Minuten

200 g Zartbitter-Kuvertüre oder Edelbitterschokolade (70%ig) | 200 g Schlagsahne | 100 g weiße Schokolade | 1 EL Kirschwasser | Sauerkirschen aus dem Glas und Zitronenmelisse zum Anrichten

Die Kuvertüre grob hacken und schmelzen (siehe Seite 103). Aus doppelt gelegten Backpapierdreiecken (Seitenlänge 15 cm) kleine Tüten drehen und das Papier mit Büroklammern zusammenhalten.

Die Tüten mit der flüssigen Kuvertüre von innen ausstreichen und in Gläser stellen, bis die Kuvertüre fest geworden ist. Das Papier dann vorsichtig ablösen.

Die Sahne aufkochen und die weiße Schokolade darin schmelzen. Mindestens drei Stunden kalt stellen. Die Schokosahne steif schlagen und das Kirschwasser unterheben.

Die Schokosahne in die Schokotütchen füllen und mit Kirschen und Zitronenmelisse anrichten. Sofort servieren.

Schnelle Creme. Aus Sahne und Schokolade lässt sich wunderbar eine schnelle Füllung für Torten oder eine haltbare Deko für Desserts herstellen. Sahne aufkochen und zerbröckelte weiße oder dunkle Schokolade darin schmelzen. Im Kühlschrank richtig gut durchkühlen lassen und einfach wie Schlagsahne aufschlagen – voilà! Mit Alkohol, Sirup oder Gewürzen darin schmeckt diese »Canache« immer wieder anders.

Statt der Schokosahne schmeckt auch Baileys-Sahne in den Schokotütchen sehr lecker. Dafür 250 Gramm Sahne mit zwei bis drei Esslöffel Baileys (Whisky-Sahne-Likör) vermischen und steif schlagen.

Preiselbeer-Sorbet

Für 6 Portionen
Ohne Wartezeit fertig in 10 Minuten

300 ml Preiselbeersaft (z. B. von abgetropften Früchten aus dem Glas) | 40 g Puderzucker | 1 Päckchen Vanillezucker | evtl. 1–2 EL Cassis (schwarzer Johannisbeerlikör) | 1 Eiweiß | Preiselbeeren zum Garnieren

Preiselbeersaft, Puderzucker und Vanillezucker aufkochen und drei Minuten bei großer Hitze kochen lassen. Den Saft abkühlen lassen und eventuell mit Cassis abschmecken.

Das Eiweiß steif schlagen und unter die Saftmischung heben. In einer Eismaschine oder im Tiefkühler gefrieren lassen (siehe Seite 104).

Das Sorbet im Tiefkühler mindestens zwei Stunden weiterfrieren lassen.

Zu Kugeln formen und in ein Glas geben. Mit den Preiselbeeren servieren.

Kaffeemousse mit Mandelziegel

Für 4 Portionen
Ohne Wartezeiten fertig in 1 Stunde

Mandelziegel: 110 g Eiweiß (von etwa 3 Eiern) | 185 g Zucker | 40 g Butter | 200 g Mandelblättchen | 2 EL Mehl | 1–2 EL Milch | Fett für das Blech

Schokosahne: 100 g Schlagsahne | 30 g weiße Schokolade | evtl. 1 EL Kaffeelikör

Kaffeemousse: 50 g Mokkaschokolade | 1 Blatt weiße Gelatine | 1 frisches Ei | 1 frisches Eigelb | 2 EL Zucker | 200 g Schlagsahne | 1/2 Vanilleschote | 100 ml starker Kaffee | evtl. 1 EL Kaffeelikör | 50 g dunkle Kuvertüre | 4 Physalis (Kapstachelbeeren)

Für die Mandelziegel: Die Eiweiße und den Zucker verrühren. Die Butter schmelzen. Mandelblättchen unter die Eiweißmasse rühren, die flüssige Butter und das Mehl unterheben. Den Teig über Nacht bei Raumtemperatur stehen lassen.

Den Teig esslöffelweise auf ein gefettetes Blech setzen und mit einer Gabel flach drücken, die Gabel dabei ab und zu in Milch tauchen, damit der Teig nicht festklebt. Im vorgeheizten Backofen bei 200 Grad, Umluft 170 Grad, Gas Stufe 3 etwa acht Minuten goldbraun backen.

Mit einem Spachtel sofort vom Blech lösen und noch heiß über saubere Flaschen legen, damit die Ziegel eine Wölbung bekommen oder den Teig einrollen. Abkühlen lassen.

Für die Schokosahne: Die Sahne aufkochen und vom Herd nehmen. Die weiße Schokolade zerbröckeln und in der Sahne schmelzen lassen. Über Nacht kalt stellen.

Für die Kaffeemousse: Die Mokkaschokolade fein hacken. Die Gelatine in kaltem Wasser einweichen.

Ei, Eigelb und Zucker weiß-cremig aufschlagen. 50 Gramm Sahne, ausgekratztes Vanillemark und Kaffee unterrühren.

Die Masse auf einem heißen Wasserbad schlagen, bis sie beginnt, dick zu werden. Die Mokkaschokolade und die ausgedrückte Gelatine unter die heiße Masse rühren. Sofort durch ein Sieb in eine Schüssel gießen und kalt stellen, bis die Masse beginnt, fest zu werden.

Die Schokomasse kräftig durchrühren und eventuell mit Kaffeelikör abschmecken.

Die restliche Sahne steif schlagen und unter die Creme ziehen. Auf vier Kaffeetassen verteilen und mindestens vier Stunden kalt stellen.

Die Kuvertüre schmelzen. Die Physalis abreiben und zur Hälfte in die flüssige Kuvertüre tauchen. Fest werden lassen.

Zum Servieren die Schokosahne steif schlagen, eventuell den Kaffeelikör unterziehen.

Jeweils etwas Schokosahne auf die Mousse geben und mit einer Physalis und einem Mandelziegel dekorieren.

Dahingeschmolzen! Kuvertüre oder Schokolade wird am besten im Wasserbad flüssig. Dafür die Schokolade zerbröckeln oder grob hacken und in eine Schüssel oder einen Becher geben. Das Gefäß in einen Topf mit siedendem Wasser stellen und die Schokolade unter mehrmaligem Rühren schmelzen. Auf keinen Fall darf Wasser in die Schokolade gelangen, sie wird dann klumpig.

Rumfrüchte mit Mohneis

Für 6 Portionen
Ohne Wartezeit fertig in 45 Minuten

Früchte: 2 Pakete TK-Beerencocktail à 300 g | 100 g Zucker | 1/4 l Sauerkirschsaft | 150 ml Rum

Eis: 8 frische Eigelb | 150 g Zucker | 500 g Schlagsahne | 1 Eiweiß | Salz | 2 EL Honig | 70 g ungemahlener Mohn | 1/2 TL Zimt

Für die Früchte: Den Beerencocktail in eine Schüssel geben und mit Zucker, Kirschsaft und Rum vermischen. Mindestens einen Tag zugedeckt durchziehen lassen, dabei ab und zu vorsichtig umrühren.

Für das Eis: Eigelbe und Zucker über dem heißen Wasserbad mit den Quirlen des Handrührers weiß-schaumig aufschlagen. Über Eiswasser kalt schlagen.

Sahne und das Eiweiß mit einer kleinen Prise Salz getrennt steif schlagen. Erst Honig, Mohn und Zimt unter die Masse rühren, dann Eiweiß und Sahne unterheben.

Am besten in der Eismaschine gefrieren lassen (ohne Eismaschine siehe links) und dann mindestens sechs Stunden im Tiefkühler weiterfrieren lassen.

Zum Anrichten erst die Rumfrüchte auf vorgekühlte Teller verteilen, dann jeweils eine große Kugel Mohneis darauf setzen.

Ein eiskaltes Vergnügen ist selbst gemachtes Eis oder Parfait. Mit einer Eismaschine bekommt das Eis leicht eine cremige Konsistenz: Die Maschine rührt das Eis ständig, während es friert. Hierbei ist es wichtig, dass Sie auf keinen Fall mehr Eismasse in die Maschine füllen, als in der Gebrauchsanweisung angegeben ist, weil sonst die Kühlkapazität nicht ausreicht und das Eis nicht fest wird. Wenn Sie keine Eismaschine haben, müssen Sie selber rühren. Geben Sie die Eismasse am besten in eine flache Edelstahlschüssel und rühren Sie frühestens nach einer guten Stunde das Eis durch, danach etwa alle 45 Minuten. Dann wird auch dieses Eis schön cremig!

Himbeercreme

Für 4–6 Portionen
Ohne Wartezeit fertig in 20 Minuten

3 Blatt weiße Gelatine | 150 g Himbeeren (frisch oder TK) | 1 EL Zitronensaft | 4 frische Eier | 2 EL Himbeersirup | Salz | 200 g Schlagsahne | 2 EL Puderzucker | Himbeeren, Puderzucker und Minzeblättchen zum Garnieren | evtl. Grenadinesirup

Gelatine in kaltem Wasser einweichen. Himbeeren vorsichtig abspülen und trockentupfen. Die Himbeeren und den Zitronensaft mit dem Stabmixer pürieren. Durch ein Sieb streichen.

Die Eier trennen. Eigelbe und Himbeersirup schaumig rühren und mit den pürierten Himbeeren verrühren. Gelatine ausdrücken, auflösen (siehe Seite 37) und unter die Himbeer-Ei-Creme rühren. Kalt stellen, bis die Creme anfängt, fest zu werden.

Eiweiße und eine Prise Salz steif schlagen. Die Schlagsahne mit dem Puderzucker steif schlagen. Den Eischnee und die geschlagene Sahne nacheinander unter die Creme heben.

Die Himbeercreme mit Himbeeren, Puderzucker und Minzeblättchen dekorieren.

Falls die Creme nicht richtig schön rosa wird, können Sie ein bis zwei Esslöffel Grenadinesirup vor dem Gelieren unterheben.

Cherry-Lime-Cheesecake

Für 8 Portionen
Ohne Wartezeit fertig in 20 Minuten

175 g Vollkorn-Butterkekse | 75 g Butter | 2 Limetten | 450 g Magerquark | 150 g Crème double | 80 g Zucker | 3 Blatt weiße Gelatine | 1 kleines Glas Sauerkirschen | 1 Päckchen heller Tortenguss | 1 Limette zum Garnieren

Wandelbar – dieser kleine Kuchen ist ein Multitalent: Er schmeckt nicht nur mit Kirschen, sondern auch mit Pfirsichen, Orangenfilets oder Mango. Der Krümelboden ist ebenso variabel: Ein paar Schokostreusel oder geröstete, gehackte Mandeln bringen Pepp, ganz raffiniert wird's mit Cantuccini, italienischen Mandelkeksen, oder Kokoszwieback statt Butterkeksen. Wenn es mal schnell gehen soll, schmeckt der Kuchen auch als Schichtspeise – einfach die Gelatine und die Butter weglassen und alle Zutaten übereinander in Gläser schichten. Lecker!

Die Kekse in einen Gefrierbeutel geben und mit einer Kuchenrolle fein zerbröseln. Die Butter schmelzen und mit den Keksbröseln vermischen. Die Bröselmischung in eine kleine Springform (Durchmesser 20 cm) geben und zu einem Boden zusammendrücken. Im Kühlschrank fest werden lassen.

Die Limetten heiß abwaschen, trockenreiben, die Schale abreiben und den Saft auspressen. Schale und Saft mit Quark, Crème double und 50 Gramm Zucker verrühren.

Gelatine in kaltem Wasser einweichen. Ausdrücken und auflösen (siehe Seite 37). Unter die Quarkcreme rühren. Auf den Keksboden geben und glatt streichen.

Die Kirschen auf einem Sieb abtropfen lassen, Saft dabei auffangen. 25 Kirschen auf der Quarkmasse verteilen. Die Masse im Kühlschrank fest werden lassen.

Aus 150 ml Kirschsaft und 150 ml Wasser, dem restlichen Zucker und dem Tortengusspulver nach Packungsanweisung einen Tortenguss herstellen. Den heißen Guss auf den Kuchen geben und fest werden lassen. Den Kuchen mit Limettenscheiben dekorieren und gut gekühlt servieren.

Schwarzwaldmuffins

Für 6 Portionen
Fertig in 45 Minuten

100 g Sauerkirschen (aus dem Glas) | 1 Ei | 50 g Zucker | 40 ml Sonnenblumenöl | 100 g Vollmilchjoghurt | 130 g Mehl | 1 TL Backpulver | 1/2 TL Natron | 2 EL Schokoraspel | 1 EL Kakaopulver | 100 g Schlagsahne | 1–2 EL Vanillezucker | evtl. 2 EL Kirschwasser | Kirschen und Schokoraspel zum Dekorieren

Die Kirschen abtropfen lassen und eventuell halbieren.

Das Ei verquirlen und mit Zucker, Öl und Joghurt verrühren. Mehl, Backpulver und Natron darüber sieben. Schokoraspel und Kakaopulver dazugeben und alles gut mit einem Kochlöffel verrühren. Die Kirschen unterheben.

Ein großes Muffinblech mit sechs Papierförmchen auslegen und die Masse hineinfüllen. Im vorgeheizten Backofen bei 180 Grad, Umluft 160 Grad, Gas Stufe 2–3 etwa 20 bis 25 Minuten backen. Nach dem Backen zehn Minuten in den Förmchen ruhen lassen.

Die Sahne mit dem Vanillezucker steif schlagen, eventuell das Kirschwasser unterheben.

Vor dem Servieren einen Klecks Sahne auf die Muffins setzen und mit je einer Kirsche und Schokoraspeln dekorieren.

Nur kein Stress! Bei Muffins hat der Kochlöffel Hochsaison. Die festen und flüssigen Zutaten werden jeweils nur kurz miteinander vermischt, bevor sie locker zusammengerührt und dann auch schon gebacken werden. Bloß nicht zu gründlich rühren oder gar mit dem Handrührer schlagen, dann werden die Muffins nicht locker! Natron hilft dem Teig beim Aufgehen und gibt den typisch säuerlichen Geschmack.

Die Muffins bleiben in einer Frischhaltebox im Kühlschrank einen Tag frisch.

Mousse au chocolat

Für 4 Portionen
Ohne Wartezeit fertig in 20 Minuten

100 g Vollmilchschokolade | 100 g Zartbitterschokolade | 3 Eier | evtl. 1–2 EL Whisky | 1 1/2 EL Zucker | 200 g Schlagsahne | Schokoladen-Ornamente

Die beiden Schokoladensorten grob zerkleinern und zusammen über einem heißen Wasserbad schmelzen (siehe Seite 103).

Die Eier trennen. Eigelbe, zwei Esslöffel Wasser, eventuell den Whisky und den Zucker mit den Quirlen des Handrührers schaumig schlagen. Die geschmolzene Schokolade unterrühren.

Schlagsahne und Eiweiße getrennt steif schlagen. Erst die Sahne, dann den Eischnee unter die Schokomasse heben.

Die Mousse in Portionsschälchen füllen und mindestens drei Stunden kalt stellen.

Mit kleinen Schokoladen-Ornamenten (siehe unten) verzieren.

Süße Schokoladen-Ornamente können Sie selber machen. Flüssige Schokolade in einen kleinen Gefrierbeutel geben. Eine Ecke knapp abschneiden und Ornamente oder Namen auf Backpapier, Alufolie oder Butterbrotpapier spritzen. Schokolade fest werden lassen und die Ornamente vorsichtig ablösen. Kühl stellen. So können Sie auch Dessertteller verzieren oder beschriften.

Panna cotta mit Zwetschenkompott

Für 4–6 Portionen
Ohne Wartezeit fertig in 40 Minuten

Panna cotta: 1 Vanilleschote | 500 g Schlagsahne | 40 g Zucker | 4 Blatt weiße Gelatine | Schale von einer unbehandelten Zitrone

Zwetschenkompott: 600 g Zwetschen | 80 g Zucker | evtl. 2 EL Cognac | 1/8 l trockener Rotwein oder Traubensaft (dann den Zucker reduzieren) | Zimt | Minze und Puderzucker zum Garnieren

Ein Kompott ist eine wunderbare Sache: schnell gemacht und von jedermann geliebt. Egal ob mit Kirschen, Pflaumen, Erdbeeren oder Äpfeln, das Prinzip ist immer gleich. Zucker karamellisieren lassen, die vorbereiteten Früchte dazugeben und mit Saft, Wasser, Wein oder Cognac ablöschen. Kochen lassen, bis die Früchte weich sind, und nach Geschmack süßen. Besonders raffiniert wird Kompott durch Gewürze. Diese Kombinationen sind besonders gut: Koriander zu Birnen, Zimt und Sternanis zu Äpfeln und ein Hauch Anis zu Erdbeeren. Die besten Begleiter zu Kompott sind Eis und Pudding.

Für die Panna cotta: Die Vanilleschote aufschlitzen und das Mark herauskratzen. Sahne mit Zucker, Vanillemark und -schote etwa zehn Minuten bei mittlerer Hitze kochen.

Die Gelatine in kaltem Wasser einweichen. Die Sahne leicht abkühlen lassen, die Vanilleschote entfernen und die ausgedrückte Gelatine in der noch heißen Sahne auflösen.

Die abgeriebene Zitronenschale untermischen und die Masse in vier bis sechs Förmchen füllen. Im Kühlschrank mindestens sechs Stunden fest werden lassen.

Für das Kompott: Die Zwetschen abspülen, trockenreiben, halbieren und entsteinen. Den Zucker in einer Pfanne karamellisieren lassen (siehe Seite 93), die Zwetschen dazugeben und mit Cognac ablöschen. Den Rotwein angießen und etwas einkochen lassen, mit einer Prise Zimt abschmecken.

Die Panna cotta mit einem spitzen Messer vom Rand der Förmchen lösen. Die Förmchen kurz in heißes Wasser halten und die Panna cotta auf Dessertteller stürzen, mit dem Kompott anrichten.

Mit Minze garnieren und mit Puderzucker bestäuben.

Rotweinpflaumen mit Zimtstreuseln

Für 4 Portionen
Ohne Wartezeit fertig in 40 Minuten

750 g Pflaumen (evtl. aus dem Glas) | 100 ml Rotwein | 100 g Mehl | 30 g gemahlene Mandeln | 70 g Puderzucker | 100 g Butter | 1/2 TL Zimt | Vanilleeis und Minze zum Anrichten

Die Pflaumen halbieren, entsteinen (Pflaumen aus dem Glas abtropfen lassen) und mit dem Rotwein begießen. Mindestens eine Stunde, besser über Nacht, marinieren lassen.

Mehl, Mandeln, Puderzucker, weiche Butter und Zimt mit den Händen vermengen und in Streusel bröseln.

Die Pflaumen auf vier ofenfeste Teller verteilen und mit den Streuseln bestreuen. Die Pflaumen im vorgeheizten Backofen bei 200 Grad, Umluft 170 Grad, Gas Stufe 3 etwa 20 bis 25 Minuten backen, bis die Streusel hellbraun sind.

Kurz abkühlen lassen und lauwarm mit jeweils einer Kugel Vanilleeis und etwas Minze servieren.

Statt mit Pflaumen schmeckt das Dessert auch mit Kirschen, Aprikosen oder Mirabellen.

Für Rotweinfeigen 400 Gramm getrocknete Feigen vierteln und in ein gut ausgespültes, verschließbares Glas geben. Vier Esslöffel Honig mit einem Achtelliter Wasser aufkochen und zu Sirup einkochen lassen. Einen Esslöffel bittere Orangenmarmelade darin auflösen und alles über die Feigen geben. Einen halben Liter Rotwein dazugießen und die Feigen an einem kühlen Ort mindestens vier Tage ziehen lassen. Die Feigen dann aus dem Sud nehmen, den Feigensud sämig einkochen und abkühlen lassen.

Curryparfait

Für 4 Portionen
Ohne Wartezeit fertig in 30 Minuten

4 frische Eigelb | 100 g Zucker | Currypulver | 2 EL süßer Wermut-Wein, z. B. Martini bianco | 500 g Schlagsahne | 400 g Rotweinfeigen (siehe links) | Puderzucker | gehackte Pistazien zum Garnieren

Die Eigelbe und den Zucker mit den Quirlen des Handrührers weiß-schaumig aufschlagen. Einen halben Esslöffel Currypulver und den Wermut-Wein unterrühren.

Die Sahne steif schlagen und unterheben. Die Masse mindestens drei Stunden im Tiefkühler frieren lassen.

Aus dem Parfait mit zwei Esslöffeln Nocken abstechen und wieder einfrieren. Die Parfait-Nocken etwa eine halbe Stunde vor dem Servieren aus dem Tiefkühler nehmen und in den Kühlschrank stellen.

Die Parfait-Nocken mit den Rotweinfeigen servieren. Den Tellerrand mit einer Mischung aus Curry, Puderzucker und Pistazien verzieren.

Halbgefrorenes mit Kumquat-Ragout

Für 6–8 Portionen
Ohne Wartezeit fertig in 1 Stunde

Halbgefrorenes: 5 frische Eigelb | 20 g Zucker | 50 g Honig | 400 g Schlagsahne

Kumquat-Ragout: 1 unbehandelte Orange | 200 g Kumquats | 50 g brauner Zucker | 1/4 l Orangensaft | evtl. 3 EL Grand Marnier (Orangenlikör) | 1 kleiner Rosmarinzweig | etwas Honig zum Beträufeln

Für das Halbgefrorene: Eigelbe und Zucker über einem heißen Wasserbad mit den Quirlen des Handrührers cremig aufschlagen, dann über einer Schüssel mit Eiswasser kalt schlagen.

Den Honig unter die Masse ziehen und die steif geschlagene Sahne vorsichtig unterheben. Die Masse in Souffléförmchen, kleine Tassen oder eine große Form geben und mindestens vier Stunden gefrieren.

Für das Kumquat-Ragout: Die Schale der Orange abreiben. Die Kumquats abspülen und trockenreiben. In dünne Scheiben schneiden.

Den Zucker goldgelb karamellisieren (siehe Seite 93), dann die abgeriebene Orangenschale,

den Orangensaft und eventuell den Likör dazugeben. Alles auf die Hälfte einkochen lassen, die abgezupften Rosmarinnadeln zufügen.

Die Kumquats in die Soße legen und mindestens einen Tag an einem kühlen Ort durchziehen lassen.

Kurz vor dem Servieren das Halbgefrorene aus der Form stürzen, eventuell in Scheiben schneiden und auf Tellern mit dem Kumquat-Ragout anrichten. Nach Belieben das Halbgefrorene mit flüssigem Honig beträufeln.

Statt der Kumquats passen auch Nektarinenspalten, Orangenfilets oder Beerenpüree.

Die Sahne macht's: Sie gibt dem Parfait seinen herrlichen Schmelz und macht es auch ohne Eismaschine luftig-locker. Das Fett der Sahne lässt ein Parfait auch im gefrorenen Zustand nicht ganz so kalt und eisig wirken, daher werden die Parfaits auch Halbgefrorenes genannt.

Orangenparfait mit Orangenlikör

Für 4–6 Portionen
Ohne Wartezeit fertig in 1 Stunde

Orangenparfait: 1 große Orange | 2 EL Rohrzucker | 2 EL Cointreau (Orangenlikör) | 3 EL Orangensaft | 4 Eigelb | 100 g Akazienhonig | 1 Päckchen Vanillezucker | 250 g Schlagsahne | Cointreau und Zitronensaft zum Abschmecken

Orangensoße: 2 EL Rohrzucker | 1 TL Butter | 3 Orangen | 1 TL Speisestärke | 2 EL Cointreau | Pistazien zum Bestreuen

Für das Orangenparfait: Die Schale der Orange dick abschneiden und die Filets zwischen den Trennwänden herausschneiden (filetieren). Die Filets in Stücke schneiden und mit dem Zucker einmal aufkochen. Cointreau und Orangensaft zugeben und vier Minuten bei kleiner Hitze kochen lassen. Abkühlen lassen.

Eigelbe und Honig über einem heißen Wasserbad weiß-schaumig aufschlagen. Den Vanillezucker dazugeben und die Masse über Eiswasser kaltrühren.

Die Sahne steif schlagen und zusammen mit dem abgekühlten Orangenkompott unter die Eimasse rühren. Mit Cointreau und Zitronensaft abschmecken.

Das Parfait in vier bis sechs Portionsförmchen füllen und zugedeckt im Gefrierfach mindestens zwei Stunden gefrieren lassen.

Für die Orangensoße: Zucker und Butter in einem kleinen Topf karamellisieren lassen (siehe Seite 93).

Den Saft von zwei Orangen auspressen. Zwei Esslöffel Orangensaft aufheben, den Rest zum Karamell geben und unter Rühren so lange kochen, bis sich der Karamell auflöst. Die Speisestärke mit dem restlichen Orangensaft verrühren und in die Soße einrühren. Eine Minute kochen und die Soße dann abkühlen lassen.

Die Schale der restlichen Orange dick abschneiden und die Frucht quer in dünne Scheiben schneiden. Mit dem Cointreau beträufeln. Das Parfait zum Servieren aus den Förmchen stürzen und mit der Orangensoße und den marinierten Orangenscheiben anrichten. Mit gehackten Pistazien bestreuen.

Ingwerparfait

Für 4 Portionen
Ohne Wartezeit fertig in 20 Minuten

100 g frischer Ingwer | 4 Eigelb | 150 g Zucker | 2 EL süßer Ingwersirup (von eingelegtem Ingwer aus dem Glas) | 500 g Schlagsahne | 1 reife Mango und 1 Kiwi (oder anderes Obst)

Den Ingwer schälen und fein reiben. Eigelbe mit 60 Gramm Zucker weiß-schaumig aufschlagen. Geriebenen Ingwer und den Ingwersirup unterrühren.

Die Sahne mit dem restlichen Zucker sehr steif schlagen und unter die Eimasse heben. In eine halbrunde Form oder Kastenform füllen und im Tiefkühler mindestens vier Stunden gefrieren lassen.

Zum Servieren das Parfait in Scheiben schneiden und mit Mango- und Kiwischeiben anrichten.

Tausendsassa Ingwer: Eingelegt in Zuckersirup schmeckt er süß-aromatisch, kandiert wird er feurig-süß, und frisch ist er zitronig-scharf.

Quarkauflauf
mit Cassisbirnen

Für 4 Portionen
Ohne Wartezeit fertig in 40 Minuten

Cassisbirnen: 4 kleine, reife Birnen | 1/2 l schwarzer Johannisbeersaft | 2 EL Cassis (schwarzer Johannisbeerlikör) | 2 EL Orangensaft | 120 g Zucker | 1 EL schwarzes Johannisbeergelee | 2 Nelken | 1 Zimtstange | 1 EL Speisestärke

Quarkauflauf: 2 Eier | 100 g Speisequark (20 % Fett) | 50 g saure Sahne | abgeriebene Schale von einer Limette | Salz | 2 EL Zucker | Butter und Zucker für die Förmchen | 300 ml Vanilleeis

Für die Cassisbirnen: Birnen schälen, halbieren, Kerngehäuse entfernen und jede Hälfte fünfmal einschneiden und etwas auffächern.

Johannisbeersaft, Cassis, Orangensaft, Zucker, Johannisbeergelee, Nelken und Zimtstange aufkochen und auf zwei Drittel der Menge einkochen lassen. Die Speisestärke mit wenig Wasser glatt rühren und in die kochende Flüssigkeit rühren. Einmal aufkochen lassen.

Die Birnen dazugeben und weich kochen. Im Sud abkühlen und über Nacht ziehen lassen.

Für den Quarkauflauf: Eier trennen. Eigelbe schaumig schlagen, Quark, saure Sahne und Limettenschale unterrühren.

Eiweiß mit einer Prise Salz steif schlagen, dabei nach und nach den Zucker dazugeben. Den Eischnee unter die Quarkmasse heben.

Vier Förmchen fetten und mit Zucker ausstreuen. Die Quarkmasse hineingeben und die Förmchen in die Fettpfanne des Backofens stellen. So viel heißes Wasser in die Fettpfanne geben, bis die Förmchen zu zwei Dritteln im Wasser stehen. Im vorgeheizten Backofen bei 210 Grad, Umluft 180 Grad, Gas Stufe 3–4 etwa 20 Minuten backen.

Die Birnen aus dem Sud nehmen, trockentupfen und jeweils zwei Birnenspalten auf einen Teller legen. Eine Nocke Vanilleeis daneben setzen, die Birnen mit dem Cassissud beträufeln und auf jeden Teller einen Quarkauflauf stürzen. Sofort servieren.

Ricotta mit Honig

Für 4 Portionen
Fertig in 10 Minuten

400 g Ricotta (italienischer Frischkäse) | 4 EL Schlagsahne | 2–3 EL Lavendel- oder Kastanienhonig | 250 g frische Erdbeeren oder Heidelbeeren | 2 Stängel frische Minze

Ricotta durch ein Sieb streichen und mit der Sahne verrühren. In Schälchen geben und mit dem Honig und den geputzten Beeren anrichten. Mit Minzeblättchen garnieren.

Crème caramel

Für 4 Portionen
Ohne Wartezeit fertig in 1 Stunde

1 EL Butter | 150 g Zucker | 6 Eier | 2 Päckchen Vanillezucker | 1/2 l Milch | 200 g Schlagsahne

Die Butter erwärmen, 100 Gramm Zucker dazugeben und bei mittlerer Hitze unter ständigem Rühren karamellisieren lassen (siehe Seite 93). 100 ml Wasser dazugeben (Vorsicht, es kann spritzen!) und weiterkochen, bis ein dicker Sirup entstanden ist. Den Sirup noch heiß in eine feuerfeste Form gießen und fest werden lassen.

Die Eier mit restlichem Zucker und Vanillezucker schaumig schlagen. Die Milch aufkochen und zur Eiermasse geben, dabei kräftig rühren. Die Eiermasse vorsichtig auf den Karamell in die Form gießen.

Die Form auf die Fettpfanne des Backofens setzen und in die Mitte des Ofens schieben. Heißes Wasser angießen, bis die Form bis 1 cm unter dem Rand im Wasser steht. Im vorgeheizten Backofen bei 180 Grad, Umluft 160 Grad, Gas Stufe 2–3 etwa 45 Minuten garen, bis die Creme fest ist. Abkühlen lassen.

Die Creme aus der Form stürzen und in Rauten schneiden. Karamellsirup, der noch in der Form klebt, mit etwa heißem Wasser lösen und über die Creme geben.

Die Sahne steif schlagen und zur Crème caramel servieren.

Grenzenlos beliebt
und immer gut –
Crème caramel

Basilikum-Apfel-Törtchen

Für 4 Portionen
Fertig in 30 Minuten

2 Scheiben TK-Blätterteig à 50 g | 2–3 EL Hagelzucker | 1 Eigelb | 2 EL Milch | 250 g säuerliche Äpfel | 1 EL Butter | 2 EL Zucker | 2 EL Orangensaft | 1/8 l Apfelsaft | 1 Bund Basilikum | 200 g Schlagsahne | 1/2 Granatapfel | Puderzucker zum Bestäuben

Blätterteig – Schicht für Schicht in knusprige Höhe. Da im Teig hauchdünne Fettschichten eingearbeitet sind, die den Teig beim Backen hochtreiben, dürfen Sie Blätterteig nie kneten, sondern immer nur übereinander schlagen. Wenn Sie das erste Mal damit arbeiten, besorgen Sie daher am besten gleich etwas mehr Teig zum Üben. Tiefgefroren hält er sich bis zu einem Jahr.

Den Blätterteig nach Packungsanweisung auftauen lassen. Teig mit Hagelzucker bestreuen und den Zucker mit der Kuchenrolle leicht in den Teig drücken, den Teig aber nicht ausrollen. Aus dem Teig mit einem Salatschälchen oder einem Glas (Durchmesser 8–9 cm) vier Kreise ausstechen, dabei soll der Rand fest zusammengedrückt werden.

Eigelb und Milch verquirlen und die Blätterteigkreise damit bestreichen. Im vorgeheizten Backofen bei 200 Grad, Umluft 170 Grad, Gas Stufe 3 etwa 15 Minuten backen, bis goldbraune »Kugeln« entstanden sind. Abkühlen lassen.

Die Äpfel schälen, entkernen und in Stücke schneiden. In der heißen Butter andünsten, mit Zucker bestreuen und einige Minuten kochen lassen, bis der Zucker karamellisiert ist. Die beiden Fruchtsäfte dazugeben und weitere fünf Minuten kochen, bis die Äpfel weich sind. Abkühlen lassen.

Das Apfelkompott und das Basilikum erst kurz vor dem Servieren mit dem Stabmixer pürieren, damit das Basilikum seine Farbe und seinen Duft behält. Die Schlagsahne steif schlagen und mit dem Apfelmus mischen.

Von den Blätterteigtörtchen einen Deckel abschneiden und die Törtchen mit dem Sahneapfelmus füllen. Den Deckel wieder darauf legen und die Törtchen mit Granatapfelkernen und Puderzucker anrichten. Sofort servieren.

Die besten **Menüs**

Vorspeise, Hauptgericht

und Dessert sind die

Säulen eines Menüs. Drei

Gänge gibt es immer –

für größere Anlässe haben

wir auch mal vier oder fünf

Das passt zusammen

Gerichte kombiniert.

Katalanisches Menü

Avocadosalat mit Riesengarnelen
S. 12

Kaninchen mit Rosmarinkartoffeln
S. 72

Orangenflan in Karamell
S. 92

Zum Einstieg in den spanischen Abend passt ein Gläschen Sherry. Für die Vorspeise ist es wichtig, dass die Avocados auf den Punkt gereift sind. Wer kein Kaninchen mag, kann das Hauptgericht übrigens ebenso gut mit Hähnchen zubereiten.

Der Zeitplan

Am Vortag

- Orangenflan zubereiten und kühl stellen.

2 Stunden bevor die Gäste kommen

- Orangen filetieren.
- Avocadosalat herstellen und abgedeckt kühl stellen.
- Kaninchen anbraten.
- Riesengarnelen putzen.
- Tomaten häuten und Oliven hacken.
- Kartoffeln schälen und einschneiden (am besten im Wasser aufbewahren).
- Schalotten und Knoblauch abziehen.

Wenn die Gäste da sind

- Nach dem Aperitif die Kartoffeln in der Pfanne anbraten.
- Riesengarnelen braten und mit dem Avocadosalat anrichten.
- Vorspeise servieren.
- Danach Tomaten und Oliven zum Kaninchen geben.
- Die Kartoffeln mit Rosmarin bestreuen und alles fertig garen.
- Eventuell die Soße noch einkochen lassen, dann das Hauptgericht servieren.
- Nach dem Hauptgang das Dessert fertig stellen. Flan aus den Förmchen stürzen und mit den Orangenfilets garnieren.

Locker gefaltet

Eine Leinenserviette wird lässig gefaltet, und ein kleines Namenskärtchen darin, mit einer Zackenschere ausgeschnitten, weist dem Gast als Tischkarte seinen Platz. Das Namenskärtchen kann Ton in Ton mit der Tischdecke harmonieren oder einen Farbakzent setzen.

A Tavola!

Erfrischend unkompliziert und schnell gemacht – Sie brauchen noch nicht einmal einen Backofen für diese italienischen Köstlichkeiten. Kein Problem, wenn's mehr als vier Gäste werden: Sie können alles prima vervielfältigen. Buon appetito!

Der Zeitplan

Am Vortag

› Panna cotta und Zwetschenkompott zubereiten.

2 Stunden bevor die Gäste kommen

› Steinpilze einweichen.
› Möhren im Parmamantel zubereiten und anrichten.
› Tomaten abziehen.
› Involtini vorbereiten und aufrollen.
› Kalbsfond, Wein und Pilzwasser einkochen.

30 Minuten vorher

› Involtini und Zwiebel getrennt anbraten. Involtini, Zwiebeln und Fond in der Pfanne beiseite stellen.

Wenn die Gäste da sind

› Nudelwasser zum Kochen bringen.
› Fond zu den Involtini geben und garen.
› Vorspeise servieren.
› Nach der Vorspeise die Nudeln kochen. Die Soße für die Involtini fertig stellen und das Hauptgericht servieren.
› Nach dem Hauptgericht Panna cotta stürzen und mit dem Zwetschenkompott anrichten.

1001 Nacht

Eine arabisch-vegetarische Überraschung! Die vielfältigen Aromen sorgen bei jedem Gericht für Spannung, der krönende Abschluss ist das Dessert: Curryparfait! Ausgefallen, aber sehr, sehr gut. Wenn Sie Ihre Gäste spontan einladen und zu wenig Zeit zum Marinieren der Feigen bleibt: Kochen Sie einfach weiche Backpflaumen mit einer Zimtstange in Rotwein auf.

Der Zeitplan

Mindestens 4 Tage vorher

- Feigen in Rotwein marinieren (siehe Tipp Seite 112).
- Das Curryparfait zubereiten.

2 Stunden bevor die Gäste kommen

- Tomaten für die Auberginenröllchen abziehen.
- Dilan zubereiten.
- Karottensuppe kochen.
- Auberginenröllchen vorbereiten und in die Form setzen.
- Rotweinsud der Feigen sämig einkochen lassen (siehe Tipp Seite 112).
- Parfait leicht antauen lassen, Nocken abstechen und wieder einfrieren.

30 Minuten vorher

- Dilan zu Kugeln formen und anrichten.
- Joghurt für die Suppe verrühren.

Wenn die Gäste da sind

- Suppe langsam erwärmen.
- Den Backofen auf 220 Grad vorheizen.
- Dilan servieren.
- Ist der Dilan verspeist, Tomaten, Mozzarella und Parmesan zu den Auberginenröllchen geben und alles überbacken.
- Dann die heiße Suppe mit Joghurt anrichten, den restlichen Joghurt in eine Sauciere geben, mit Korianderblättchen bestreuen und servieren.
- Nach der Suppe das Parfait aus dem Tiefkühler in den Kühlschrank stellen.
- Auberginenröllchen aus dem Backofen nehmen und servieren.
- Nach dem Hauptgang das Parfait mit den marinierten Rotweinfeigen und dem Sud anrichten.

Jeder Platz ein Geschenk

Unkonventionell und lustig ist es, das Gedeck mitsamt Besteck und Tellern in eine große Stoffserviette zu packen. Eine schöne Schleife hält alles zusammen. Die kleine Platzkarte an der Schleife sagt, dass Max hier sitzen soll.

Der Duft des Südens

Chicoreésalat mit Frisée und Physalis
S. 40

Kaninchen in Weißwein
S. 71

Orangenparfait mit Orangenlikör
S. 116

Dieses Menü ist südlich locker und unkompliziert – und Sie können sich ganz Ihren Gästen widmen, denn das Kaninchen schmurgelt im Ofen und wartet geduldig auf seinen großen Auftritt. Besonders raffiniert wird das Orangenparfait mit Blutorangen.

Der Zeitplan

Am Vortag

- Das Orangenparfait und die Soße herstellen.

2 Stunden bevor die Gäste kommen

- Salat und Physalis putzen und Soße verrühren. Alles kalt stellen.
- Gemüse für das Kaninchen komplett putzen und vorbereiten.
- Backofen auf 225 Grad vorheizen.

1 Stunde vorher

- Schalotten, Knoblauch und Speck im Bräter anbraten.
- Etwas abkühlen lassen. Kaninchen und Gemüse dazu geben.
- Kaninchen in den Ofen schieben.
- Orangenscheiben fürs Dessert marinieren. Salat auf Tellern anrichten.
- Nach 40 Minuten das Fleisch wenden.

Wenn die Gäste da sind

- Innereien zum Kaninchen geben.
- Soße und Physalis über den Salat geben.
- Parfait aus dem Tiefkühler in den Kühlschrank stellen.
- Vorspeise servieren.
- Danach das Kaninchen auftragen.
- Nach dem Hauptgericht das Orangenparfait mit der Soße und den Orangenfilets anrichten und servieren.

Platzkarten am Stiel

Aus festem Schleifenband werden Fähnchen ausgeschnitten, die an einem Ende im Abstand von mindestens 2,5 cm einmal oben und einmal von unten bis zur Mitte des Bandes eingeschnitten werden. Die Einschnitte werden um den Glasstiel herum ineinander gesteckt und halten so das Fähnchen mit dem Namen des Gastes. Dieser kleine Glasschmuck ist auch eine praktische Idee für Partys, damit jeder Gast sein Glas wiederfindet.

Hommage an Basilikum

Klare Tomatensuppe mit Polentablüten
S. 26

Lammchops mit Tomaten-Couscous
S. 66

Basilikum-Apfel-Törtchen
S. 122

Wenn Sie es gern etwas ausgefallener mögen, ist dieses Menü genau richtig: Basilikum in jedem Gang, selbst im Dessert! Besonders gut gelingen die Gerichte, wenn das Basilikum ganz frisch und aromatisch ist. Wie wär's, wenn Sie kleine Basilikumtöpfchen zur Selbstbedienung auf den Tisch stellen?

Der Zeitplan

Am Vortag

- Tomatensuppe und Polentablüten herstellen.
- Apfelkompott kochen (ohne Basilikum).
- Lammkoteletts marinieren.

2 Stunden bevor die Gäste kommen

- Blätterteigtörtchen backen.
- Gemüse und Gewürze für Couscous vorbereiten.
- Tomaten für die Suppe in Spalten schneiden.
- Lammkoteletts anbraten und in Alufolie wickeln.
- Die Soße für die Koteletts einkochen lassen.

Wenn die Gäste da sind

- Nach dem Aperitif die Suppe erwärmen.
- Die kalten Lammkoteletts brauchen mehr Hitze. Deshalb in den auf 180 Grad vorgeheizten Backofen legen und etwa 20 Minuten garen.
- Suppe fertig stellen und servieren.
- Ist die Suppe gegessen, den Couscous quellen lassen und fertig stellen.
- Soße erwärmen und den Bratensaft der Lammchops unterrühren.
- Hauptgericht servieren.
- Nach dem Hauptgericht Sahneapfelmus fertig stellen, in die Blätterteigkugeln füllen und servieren.

Europäisches Trio

Feldsalat-Rahmsüppchen mit Croûtons
S. 32

Spanisches Hähnchen mit Mandeln
S. 50

Mousse au chocolat
S. 109

Die Suppe aus Baden, das Hähnchen aus Spanien, das Dessert aus Frankreich – trotzdem oder gerade deshalb ein besonders schönes Menü für Gäste! Sind's mehr als vier, kein Problem – alles lässt sich gut verdoppeln. Für eine größere Menge Mousse allerdings sollten Sie lieber das Rezept zweimal wie angegeben zubereiten, denn wenn die Mengen einfach erhöht werden, wird das Ergebnis nicht so perfekt.

Der Zeitplan

Am Vortag

› Mousse und Schoko-Ornamente herstellen.

2 Stunden bevor die Gäste kommen

› Feldsalat putzen.
› Suppe kochen.
› Hähnchen anbraten, Gemüse andünsten und Mandeln rösten. Alles in den Bräter geben.

1 Stunde vorher

› Croûtons für die Suppe herstellen.
› Das spanische Hähnchen im Bräter auf den Herd stellen und schmoren lassen.

Wenn die Gäste da sind

› Suppe langsam erwärmen.
› Reis andünsten und garen.
› Suppe mit Feldsalatblättchen und Croûtons garnieren und servieren.
› Nach der Vorspeise das Hähnchen abschmecken und mit dem Reis servieren.
› Nach dem Hauptgericht Mousse au chocolat mit Ornamenten verzieren.

Stilvoll einladen

Das Thema des Menüs kündigt hier schon die Einladung an. Doppelte Briefkarten gibt es im Schreibwarenladen in verschiedenen Farben. Wir haben die Karten auseinander geschnitten und mit Tesa zu neuen, mehrfarbigen Karten zusammengeklebt. Aus den Kartenresten werden die Buchstaben ausgeschnitten und mit einem kleinen Klecks Klebstoff befestigt. Die Gläserreihe entsteht aus einem zickzackförmig gefalteten Papierstreifen, auf den ein Glasmotiv zuerst aufgemalt und dann ausgeschnitten wird. Zieht man die Ziehharmonika auseinander, hat man so viele Gläser in einer Reihe, wie vorher gefaltet wurden. Den Eiffelturm kopiert man am besten von einer Vorlage ab (Reisekataloge, Internet).

Vive la France!

Entenlebermousse mit Portweingelee
S. 16

Zanderfilet in Orangenbuttersoße
S. 79

Crêpes mit Rosmarineis
S. 94

Zu diesem französischen Abend können Sie richtig viele Gäste einladen, denn alle Gerichte lassen sich bestens vorbereiten. Die Mengen können Sie beliebig vervielfältigen. Selbst der Fisch passt sich an: Sie müssen ihn nicht unbedingt in der Pfanne braten – er gart für mehrere Portionen auch wunderbar im Backofen.

Der Zeitplan

Am Vortag

- Rosmarineis herstellen.
- Crêpes backen und abgedeckt in den Kühlschrank stellen.
- Vanillesoße fürs Dessert zubereiten.
- Entenlebermousse zubereiten.

2 Stunden bevor die Gäste kommen

- Orangenbuttersoße bis auf die geschmolzene Butter fertig machen.
- Rosmarin-Deko fürs Dessert herstellen.

30 Minuten vorher

- Salatbeilage für die Vorspeise vorbereiten.
- Entenlebermousse ausstechen und mit dem Salat anrichten.
- Eventuell Beilage für den Fisch vorbereiten.

Wenn die Gäste da sind

- Backofen auf 100 Grad vorheizen.
- Vorspeise servieren.
- Zander braten und Orangenbuttersoße fertig stellen.
- Crêpes im Backofen erwärmen.
- Das Hauptgericht servieren.
- Nach dem Fisch die Crêpes mit Rosmarineis, Vanillesoße und Rosmarinzweig servieren.

Schwaben-Schmaus

Rauke-Feldsalat mit Croûtons
S. 19

Lachsmaultaschen
S. 77

Mini-Ofenschlupfer
S. 92

Für Nichtschwaben bedeuten die Maultaschen eine echte Herausforderung, denn sie sind nicht ganz einfach zuzubereiten. Ob wie hier edel mit Fisch oder eher normal mit Fleisch gefüllt – eine Delikatesse sind sie immer.

Der Zeitplan

2–3 Stunden bevor die Gäste kommen

- Nudelteig und Füllung für die Lachsmaultaschen vorbereiten.
- Salat putzen, Salatsoße zusammenrühren und Croûtons rösten.
- Das Dessert bis auf den Eierguss fertig machen und kalt stellen.

45 Minuten vorher

- Lachsmaultaschen fertig stellen und auf einem bemehlten Tablett abgedeckt kalt stellen.

Wenn die Gäste da sind

- Feldsalat (gründlich geputzt!), Rauke, Gemüse und Croûtons anrichten und mit der Salatsoße beträufeln. Alles mit den rosa Pfefferbeeren bestreuen.
- Maultaschen in die heiße Brühe geben und gar ziehen lassen.
- Backofen auf 170 Grad vorheizen.
- Salat servieren.
- Nach der Vorspeise die Maultaschen aus der Brühe nehmen und warm stellen. Die Brühe einkochen lassen und die Soße daraus fertig stellen.
- Die Ofenschlupfer in die Förmchen schichten und in den Ofen geben.
- Maultaschen anrichten und servieren.
- Nach dem Hauptgericht die Ofenschlupfer aus dem Ofen nehmen, etwas abkühlen lassen und servieren.

Kunst auf dem Tisch

Die kleine Staffelei hält normalerweise Kunstwerke en miniature. Da Ihr Menü ebenfalls ein Kunstwerk ist, kommt es hier hand- oder computergerschrieben hinter Glas. Solche Staffeleien können Sie in Geschenkeläden oder bei Ikea kaufen.

Alpenländisches Menü

Gebratener Saibling auf Kürbissalat
S. 12

Lammschulter
S. 68

Halbgefrorenes mit Kumquat-Ragout
S. 114

Ein richtig schönes Menü, wenn die Abende länger werden. Sie haben bis zur Ankunft der Gäste fast alles fertig – nur der Saibling muss noch frisch gebraten werden. Wenn Sie keinen bekommen, nehmen Sie einfach Forellenfilet.

Der Zeitplan

Am Vortag

› Halbgefrorenes und Kumquat-Ragout zubereiten.

4 Stunden bevor die Gäste kommen

› Kartoffelgemüse garen und abgedeckt kühl stellen.
› Gemüse für die Lammschulter vorbereiten.

1–2 Stunden vorher

› Lammschulter anbraten und mit dem Gemüse in den Ofen schieben.
› Kürbissalat machen.

Wenn die Gäste da sind

› Fischfilets braten und auf dem Kürbissalat anrichten.
› Nach der Vorspeise den Bratensud aus dem Bräter nehmen, einkochen lassen und abschmecken. Inzwischen die Lammschulter ohne Deckel braun braten und das Kartoffelgemüse erwärmen. Alles servieren.
› Das Halbgefrorene aus dem Tiefkühler in den Kühlschrank stellen.
› Nach dem Hauptgang das Dessert anrichten und servieren.

Das grüne Menü

Avocadomousse mit Dinkelbrötchen
S. 42

Gurkensuppe mit Räucherlachs
S. 36

Portwein-Hähnchenkeulen mit Feigen
S. 52

Kiwis mit Orangen-Kardamom-Sirup
S. 97

Dieses Menü ist absolut stressfrei. Die Vorbereitung wird auf drei Tage verteilt. Am Abend müssen Sie nur noch die vorbereiteten Gerichte erwärmen und servieren – da bleibt viel Zeit für liebe Gäste. Das Menü reicht so für vier Personen, wenn es mehr Gäste werden, kein Problem: Genauso schnell ist auch die doppelte Menge fertig. Dann nehmen Sie am besten statt der Hähnchenkeulen zwei zerteilte Brathähnchen.

Der Zeitplan

2 Tage vorher

› Orangen-Kardamom-Sirup herstellen.
› Feigen für das Hauptgericht marinieren.

Am Vortag

› Avocadomousse zubereiten, kalt stellen.
› Hähnchenkeulen bis auf die Soße fertig stellen.

2–3 Stunden bevor die Gäste kommen

› Brötchenteig zusammenrühren und abgedeckt kühl stellen. Gurkensuppe kochen.
› Salat und Salatsoße vorbereiten.

30 Minuten vorher

› Brötchen backen.
› Kiwis fürs Dessert vorbereiten.

Wenn die Gäste da sind

- Raukesalat anmachen, auf Tellern verteilen. Die Avocadomousse aus den Förmchen lösen und auf den Salat setzen.
- Suppe und Hähnchenkeulen erwärmen.
- Eventuell die Brötchen nochmal kurz aufbacken.
- Vorspeise auftragen.
- Nach der Vorspeise die Suppe mit Lachs und Dill servieren. Inzwischen Feigenmarinade bis auf zwei Esslöffel einkochen lassen.
- Nach der Suppe die Butter unter die Hähnchensoße schlagen. Die Feigenhälften mit der eingekochten Feigenmarinade bestreichen und mit den Hähnchenkeulen servieren.
- Nach dem Hauptgang Kiwis mit Orangen-Kardamom-Sirup und Eis anrichten und als krönenden Abschluss kredenzen.

EINFACH SCHÖN

Schlichte kleine Mineralwasserflaschen, je unterschiedlicher, desto besser, werden mit einer einzelnen Blüte oder einem Zweig zur wunderschönen Tischdekoration. Ob über den Tisch verteilt oder zusammenstehend – es sieht hübsch aus, und ist dabei so einfach!

Frühlingslust

Spargel mit Estragon-Vinaigrette
S. 24

Schweinefilet mit Rösti
S. 63

Trifle mit Vanilleflammeri
S. 96

Im Frühling muss es einfach Spargel sein, deshalb startet dieses Menü mit einer Portion grünem Spargel. Das Geschnetzelte ist durch den Zitronensaft frühlingsfrisch, und den Trifle können Sie mit jeder Frucht, die gerade auf dem Markt ist, zubereiten; im Frühjahr am besten mit Erdbeeren. Das Menü lässt sich auch gut für acht bis zehn Gäste kochen, Zutaten dann entsprechend multiplizieren.

Der Zeitplan

Am Vortag

- Flammeri für Trifle kochen. Mandelblättchen anrösten.
- Kartoffeln für Rösti kochen.

3 Stunden bevor die Gäste kommen

- Trifle zubereiten.
- Spargel schälen.

1 Stunde vorher

- Kartoffeln raffeln und die Rösti hellbraun vorbraten.
- Lauchzwiebeln putzen.
- Fleisch in Streifen schneiden.
- Vinaigrette für den Spargel zubereiten.
- Spargel kochen (oder erst kurz vor Eintreffen der Gäste).

Wenn die Gäste da sind

- Backofen auf 100 Grad vorheizen.
- Vorspeise anrichten und servieren.
- Nach der Vorspeise das Geschnetzelte zubereiten und die Rösti in einer heißen Pfanne fertig braten.
- Geschnetzeltes und fertige Rösti bis zum Servieren eventuell im Backofen warm halten, Rösti dabei am besten zwischen Backpapier für Pommes frites legen, dann bleiben sie knuspriger.
- Nach dem Hauptgericht Trifle mit Mandelblättchen bestreuen und servieren.

Rosenpracht

Kleine, knuffige Sträuße, die die Sicht zum Gegenüber nicht versperren, gehören immer noch zu den schönsten Dekorationen. Hier sind Rosen kurz geschnitten und schmücken in einer Kugelvase den Tisch. Große Blumengebinde haben auf der Tafel nichts zu suchen – höchstens am Tischende, wo eh niemand sitzt.

Durch die Jahreszeiten

Gebratener Spargel mit Garnelen
S. 20

Entenbrust mit Kartoffel-Kürbis-Gratin
S. 56

Himbeercreme
S. 105

Essen Sie sich einfach mal durch das ganze Jahr! Das entspricht zwar nicht immer dem aktuellen Marktangebot, doch mittlerweile bekommen Sie alle Zutaten zu diesem Menü fast zu jeder Zeit. Wenn nicht, kein Problem – Obst und Gemüse können ausgetauscht werden: Das Gratin wird nur aus Kartoffeln gemacht, statt Spargel gibt es als Vorspeise Kohlrabischeiben mit Garnelen, und Himbeeren schmecken auch tiefgekühlt richtig aromatisch.

Der Zeitplan

Am Vortag

- Himbeercreme herstellen.
- Orangenmarinade zubereiten.
- Rotweinbutter vorbereiten.

2 Stunden bevor die Gäste kommen

- Spargel schälen und Garnelen vorbereiten.
- Rauke und Zuckerschoten putzen.
- Gratin einschichten, Soße separat vorbereiten. Die Entenbrust anbraten und in die Form legen.

10 Minuten vorher

- Spargel braten.
- Backofen auf 180 Grad vorheizen.

Wenn die Gäste da sind

- Garnelen braten und mit Spargel auf Rauke anrichten, mit der Vinaigrette beträufeln.
- Soße über das Gratin geben und in den Ofen schieben.
- Vorspeise servieren.
- Nach der Vorspeise die Ofenhitze erhöhen und die Entenbrüste zum Gratin geben.
- Zuckerschoten garen.
- Butterflöckchen unter die Rotweinbutter schlagen.
- Hauptgang auftragen.
- Nach dem Hauptgang die Himbeercreme garnieren und servieren.

Auf die Schnelle

Gorgonzolamousse mit Portweinbirnen
S. 36

Spaghetti mit roter Zwiebelsoße
S. 82

Gratinierte Beeren
S. 88

Ein wunderbares Menü für laue Sommerabende, das besonders gut im Freien schmeckt. Die Mengen lassen sich problemlos vervielfältigen, laden Sie also ruhig alle Freunde und Nachbarn zur Sommerparty ein. Die Nudeln schmecken übrigens auch kalt als Salat. Wer nicht genug Gratinförmchen hat, überbackt die Beeren einfach in einer großen Auflaufform.

Der Zeitplan

Am Vortag

- Die Gorgonzolamousse zubereiten.
- Portweinsoße herstellen.

1 Stunde bevor die Gäste kommen

- Beeren fürs Dessert vorbereiten und in ofenfeste Förmchen geben.
- Rote Zwiebeln schälen und schneiden, Rauke putzen.
- Zutaten für den Eierschaum (Dessert) bereitstellen.

10 Minuten vorher

- Birnen in Scheiben schneiden und mit der Portweinsoße beträufeln. Gorgonzolamousse zu Nocken abstechen und mit den Portweinbirnen anrichten.
- Nudelwasser zum Kochen bringen.

Wenn die Gäste da sind

- Vorspeise servieren.
- Nach der Vorspeise Spaghetti kochen und in der Zwischenzeit die Zwiebelsoße zubereiten.
- Backofen auf 200 Grad vorheizen.
- Spaghetti mit der Soße und dem Parmesan in vorgewärmten Tellern anrichten und servieren.
- Nach dem Hauptgericht den Eierschaum für das Beerengratin aufschlagen, über die Beeren geben und gratinieren. Dessert servieren.
- Ganz vegetarisch wird's, wenn Sie die Gelatine aus der Gorgonzolamousse weglassen.

Blumengruss

Die Stoffserviette wird so gefaltet, dass eine einzelne Blume darin Platz findet. Eine kleine Vase auf dem Tisch nimmt die Blume auf, wenn die Serviette zum Einsatz kommt. Auch eine kleine Überraschung oder ein netter Spruch eignet sich als Serviettenschmuck.

Aroma-Menü

Penne mit Peperoni
S. 22

Rotbarsch in Zitronengrassoße
S. 82

Ingwerparfait
S. 117

Ein ausgefallenes Menü mit extra viel Aroma dank der exotischen Gewürze. Sie bekommen Ingwer, Zitronengras und Chili in jedem Asien-Laden. Kaufen Sie ruhig ein großes Bündel Zitronengras, es lässt sich sehr gut einfrieren. Zum Ingwerparfait schmecken auch Ananas, Apfelkompott oder rote Grütze.

Der Zeitplan

Am Vortag

› Ingwerparfait zubereiten.

2 Stunden bevor die Gäste kommen

› Paprikaschoten häuten.
› Aubergine und Zucchini vorbereiten.

30 Minuten vorher

› Gemüse für die Nudeln andünsten.
› Soße für den Fisch zubereiten.
› Obst fürs Dessert in Scheiben schneiden.

Wenn die Gäste da sind

› Nudelwasser aufsetzen.
› Ingwerparfait aus dem Tiefkühler in den Kühlschrank stellen.
› Nudeln kochen und mit dem vorbereiteten Gemüse vermischen. Vorspeise servieren.
› Nach der Vorspeise Fisch braten und Gemüse dünsten. Beides mit der vorbereiteten heißen Soße anrichten.
› Obst und Parfait nach dem Hauptgericht auf Tellern anrichten und servieren.

Take five

Raukesalat mit Pinienkernen
S. 32

Senf-Champagner-Süppchen
S. 40

Gefüllte Lachsrollen
S. 20

Kalbsrouladen mit Rosmarinkartoffeln
S. 54

Ricotta mit Honig
S. 120

Für dieses opulente Menü mit fünf Gängen benötigen Sie gerade einmal drei Stunden Vorbereitungszeit! Und wenn die Gäste da sind, ist nicht mehr allzu viel zu tun. Sie holen nur noch eine Köstlichkeit nach der anderen aus der Küche und verwöhnen damit Ihre Gäste aufs Feinste. Das Menü reicht gut für vier Personen; wenn Sie mehr Besuch erwarten, können Sie die Rezepte problemlos verdoppeln.

Der Zeitplan

3 Stunden bevor die Gäste kommen

- Senf-Champagner-Suppe kochen.
- Jakobsmuscheln für die Suppe vorbereiten.
- Lachsrollen herstellen.
- Beeren fürs Dessert putzen.
- Ricotta auf Schälchen verteilen.
- Salatsoße herstellen.
- Pinienkerne für den Salat rösten.
- Rauke putzen und vorbereiten.
- Rosmarinkartoffeln vorbereiten und in die Form geben.
- Kalbsrouladen vorbereiten und aufrollen.
- Brokkoli putzen.

Wenn die Gäste da sind

- Backofen auf 200 Grad vorheizen. Raukesalat anrichten und servieren, währenddessen die Suppe langsam erwärmen.
- Nach dem Salat die Jakobsmuscheln braten und die Suppe aufschäumen.
- Rosmarinkartoffeln in den Ofen schieben.
- Suppe mit den Jakobsmuscheln servieren.
- Nach der Suppe die Kalbsrouladen anbraten und schmoren lassen.
- Lachsröllchen servieren.
- Danach den Brokkoli kochen und die Kalbsrouladen fertig stellen.
- Hauptgang servieren.
- Ricotta mit Honig und Beeren anrichten und servieren.

Gläserner Durchblick

Wenn Sie Platzteller aus Glas besitzen, ist dies eine effektvolle Idee für die Menükarte. Schreiben Sie das Menü auf einen Bogen Papier und kopieren Sie es. Das Papier kommt unter den Teller, und nach jedem Gang sieht der Gast, was es als Nächstes gibt. Edler ist es, das Menü in Schönschrift auf feinem Papier, zum Beispiel Bütten oder Pergament, zu verewigen.

Klassisches Sonntagsessen

Forellenmousse auf Toast
S. 18

Tafelspitz mit Bouillongemüse und Kräutersoße
S. 58

Rotweinpflaumen mit Zimtstreuseln
S. 112

Dieses Menü eignet sich besonders gut für eine größere Runde. Tafelspitz wird umso besser, je größer das Fleischstück ist. Falls Sie nur für vier Personen kochen wollen, frieren Sie die Reste von Fleisch und Brühe ein; bei acht Gästen verdoppeln Sie Vorspeise und Dessert. Wenn Sie den Tafelspitz schon am Vortag zubereiten, haben Sie den Rest des Menüs in einer guten halben Stunde fertig.

Der Zeitplan

Am Vortag

- Pflaumen marinieren.
- Tafelspitz kochen.
- Soße für den Tafelspitz zubereiten.

3 Stunden bevor die Gäste kommen

- Gemüse putzen.
- Streusel fürs Dessert machen.
- Forellenfilets grob zerzupfen und mit der flüssigen Sahne pürieren. Die geschlagene Sahne unter das Püree heben. Kalt stellen.
- Salat und Salatsoße für die Vorspeise vorbereiten.

Wenn die Gäste da sind

- Brot toasten. Forellenmousse mit zwei Teelöffeln in Nocken abstechen und je eine Nocke auf einen diagonal halbierten Toast setzen.
- Gemüse für den Tafelspitz kochen.
- Den Backofen auf 200 Grad vorheizen.
- Vorspeise servieren.
- Nach der Vorspeise das Fleisch aufschneiden, mit Gemüse und Soße anrichten und servieren.
- Nach dem Hauptgericht die Pflaumen mit Streuseln bestreuen und im Ofen überbacken.

In voller Blüte

Eine hübsche Schale wird mit Rosenblüten und Zitronenscheiben gefüllt. So können Sie übrigens auch nicht mehr ganz frische Rosensträuße zu neuem Leben erwecken. Selbst schlaffe Blüten werden, kurz abgeschnitten, wieder frisch!

Querbeet

Raukesalat mit Erdnuss-Vinaigrette
S. 30

Rotbarschwickel mit Mangosoße
S. 80

Cherry-Lime-Cheesecake
S. 106

Im Mittelpunkt steht der leichte Fischgang mit viel Gemüse, der sich auch für viele Gäste gut vorbereiten lässt, weil er zum Schluss im Backofen gart. Salat und Dessert können Sie ohnehin in jeder beliebigen Menge zubereiten. Der Cheesecake schmeckt übrigens auch als Kuchen auf der Kaffeetafel oder in der schnellen Version als Schichtdessert.

Der Zeitplan

Am Vortag

- Cheesecake zubereiten und kalt stellen.
- Erdnuss-Vinaigrette mixen.

2 Stunden bevor die Gäste kommen

- Spinatblätter blanchieren.
- Fisch anbraten und in die Blätter wickeln.
- Gemüse für den Fisch blanchieren und abgedeckt kalt stellen.
- Mangosoße herstellen.

1 Stunde vorher

- Rauke und das Gemüse für den Salat putzen und anrichten.

Wenn die Gäste da sind

- Erdnuss-Vinaigrette über den Salat geben.
- Backofen auf 180 Grad vorheizen.
- Vorspeise servieren.
- Nach der Vorspeise Rotbarschwickel in den Ofen schieben.
- Vorbereitetes Gemüse für den Hauptgang anbraten. Mangosoße fertig stellen.
- Nach dem Hauptgericht den Cheesecake in Stücke schneiden und servieren.

Vegetarisch schlemmen

Aus einfachen Zutaten raffiniert gekocht – dieses vegetarische Menü ist eine Freude für alle, die auf Fleisch und Fisch verzichten möchten. Wenn Sie alle fünf Gänge servieren, reicht das Menü locker für sechs Gäste. Die Mengen lassen sich bei Bedarf auch gut verdoppeln.

Der Zeitplan

Am Vortag

- Rumfrüchte und Mohneis herstellen.
- Sesam-Crêpes backen und abgedeckt kühl stellen.
- Rote-Bete-Suppe kochen.
- Hefezöpfe machen und 20 Minuten hell vorbacken. Abgekühlt im Plastikbeutel aufbewahren.

2 Stunden bevor die Gäste kommen

- Eichblattsalat putzen. Salatsoße anrühren.
- Granatapfelkerne auslösen.
- Ingwerklößchen für die Suppe zubereiten und braten.
- Möhren für die Crêpes dünsten und in der Soße abkühlen lassen.
- Champignons putzen.

15 Minuten vorher

- Backofengrill vorheizen.
- Salat auf Tellern anrichten.

Wenn die Gäste da sind

- Ziegenkäse grillen und auf dem Salat mit der Soße und den Granatapfelkernen anrichten.
- Suppe erwärmen.
- Ingwerklößchen mit Alufolie abgedeckt im heißen Backofen erwärmen.

- Eichblattsalat mit Ziegenkäse servieren.
- Nach dem Salat die Sesam-Crêpes und Koriandermöhren abgedeckt im Backofen erwärmen.
- Suppe fertig stellen und mit den Ingwerklößchen servieren.
- Nach der Suppe die warmen Möhren in die Crêpes einwickeln.
- Backofen auf 200 Grad schalten.
- Koriandermöhren servieren.
- Danach das Champignonragout zubereiten und bei kleiner Hitze garen.
- Vorgebackene Hefezöpfe fertig backen.
- Beides mit Kerbel anrichten und servieren.
- Nach dem Hauptgang die Rumfrüchte mit dem Mohneis anrichten und servieren.

Für jeden eine Rose

Eine quadratische Serviette wird zuerst zu einem Dreieck und dann zweimal von der Längsseite zur Spitze hin- und hergefaltet. Den Serviettenstreifen aufrollen und das Ende feststecken. In der Mitte steht die Rose in einer Orchideenvase. Denken Sie an ein kleines Gefäß auf dem Tisch, in das jeder Gast seine Rose hineinstellen kann, wenn die Serviette zum Einsatz kommt.

Menü de luxe

Safrangarnelen auf Tomaten-Rauke-Salat
S. 38

Rehmedaillons in Portweinsoße
S. 70

Quarkauflauf mit Cassisbirnen
S. 118

Ein Menü für die kleine, feine Genießerrunde, die die edlen Zutaten und Ihr Können in der Küche zu schätzen weiß. Denn Sie haben, auch wenn die Gäste schon am Tisch sitzen, noch ein bisschen zu tun. Aber es lohnt sich – das Menü ist Spitze!

Der Zeitplan

Am Vortag

› Die Cassisbirnen zubereiten.

3–4 Stunden bevor die Gäste kommen

› Tomaten für die Vorspeise abziehen und würfeln.
› Rauke putzen und abgedeckt im Kühlschrank aufbewahren.
› Garnelen vorbereiten und eventuell auf Spieße stecken, kalt aufbewahren.
› Portweinsoße fürs Reh vorbereiten.
› Schwarzwurzeln und Möhren schälen.
› Schwarzwurzeln in Zitronenwasser aufbewahren.
› Zutaten für den Quarkauflauf bereitstellen.

Wenn die Gäste da sind

› Backofen auf 180 Grad vorheizen.
› Tomaten-Rauke-Salat fertig stellen und die Garnelen braten.
› Vorspeise servieren.
› Nach der Vorspeise das Gemüse zubereiten, die Rehmedaillons anbraten und für zehn Minuten in den Backofen schieben.
› Soße fertig stellen.
› Backofenhitze erhöhen.
› Hauptgericht anrichten und servieren.
› Nach dem Hauptgericht den Quarkauflauf zusammenrühren und in die Förmchen geben. 20 Minuten backen.
› Inzwischen die Cassisbirnen auf Tellern anrichten. Quarkauflauf und Vanilleeis dazu servieren.

Überraschung im Umschlag

Aus einem quadratischen Stück Bütten oder anderem hochwertigen Papier wird ein Kuvert gefaltet. Auf die Innenseite schreiben Sie die Menüfolge. Der Name des Gastes steht vorn oder hinten auf dem Umschlag, und damit alles hält, kommt ein Klacks Siegelwachs auf die entscheidende Stelle.

Edles für Fischfreunde

Jakobsmuscheln auf mariniertem Fenchel
S. 28

Lachs in Blätterteig
S. 74

Joghurtspeise mit Beerenpüree
S. 98

Ein Menü, das Ihre Gäste zum Staunen bringen wird: zart marinierter Fenchel mit edlen Jakobsmuscheln, raffiniert gefüllte Fischpäckchen und ein traumhaftes Dessert als krönender Abschluss. Für die Päckchen benötigen Sie etwas Fingerfertigkeit, aber die Mühe lohnt sich. Wir empfehlen Gratin als Beilage zum Fisch. Beides gart gleichzeitig im Backofen mit Umluftthitze.

Der Zeitplan

Am Vortag

- Joghurtspeise zubereiten und im Kühlschrank zugedeckt abtropfen lassen.
- Beerenpüree herstellen und kühl stellen.

3 Stunden bevor die Gäste kommen

- Fischfarce zubereiten.
- Wirsingblätter blanchieren.
- Estragonsoße herstellen.

2 Stunden vorher

- Blätterteig auftauen.
- Fenchel für die Vorspeise marinieren und auf Tellern anrichten.
- Fischpäckchen fertig stellen und auf dem Backblech an einem kühlen Ort ruhen lassen.
- Jakobsmuscheln putzen.

Wenn die Gäste da sind

- Backofen auf 160 Grad vorheizen.
- Nach dem Aperitif die Jakobsmuscheln braten, auf dem Fenchel anrichten und servieren.
- Nach der Vorspeise die Fischpäckchen in den Backofen schieben und fertig garen.
- Die Estragonsoße erhitzen und aufschäumen.
- Hauptgericht servieren.
- Nach dem Hauptgericht Joghurtspeise und Beerenpüree anrichten und servieren.

Just in time

Ein ideales Menü für unpünktliche Gäste. Salat und Nudeln müssen eh frisch zubereitet werden, und der Braten nimmt mehr Zeit im Ofen nicht übel. Das Dessert, die köstliche Crème caramel, wartet im Kühlschrank. Die vier Gänge reichen gut für sechs Leute. Sollten diese sehr hungrig sein, kochen Sie einfach ein paar Nudeln mehr und kaufen ein etwas größeres Stück Fleisch.

Der Zeitplan

Am Vortag

- Crème caramel herstellen und in der Form abkühlen lassen.
- Tomatensoße für die Nudeln kochen.

4 Stunden bevor die Gäste kommen

- Getrocknete Steinpilze einweichen.
- Braten rundherum anbraten. Die Senfbutter herstellen und den Braten damit bestreichen.
- Braten in den vorgeheizten Backofen schieben und bei Niedertemperatur garen.
- Wirsinggemüse vorbereiten.
- Friséesalat putzen.
- Croûtons und Speck für den Salat braten.

Wenn die Gäste da sind

- Eventuell Speck und Croûtons im Backofen erwärmen.
- Senfsoße für den Salat zusammenrühren und Salat mit Croûtons, Speck und Soße anrichten.
- Nudelwasser aufsetzen.
- Salat servieren.
- Die Tomatensoße langsam erwärmen.
- Nudeln kochen und mit der Soße servieren.
- Danach Bratensoße für das Fleisch fertig stellen und das Wirsinggemüse dünsten.
- Hauptgericht servieren.
- Nach dem Hauptgericht Sahne schlagen und Crème caramel in Rauten schneiden. Dessert servieren.

Edel gefaltet

Menüfolge und Platzkarte passen in eine edel gefaltete Stoffserviette. Falten Sie die beiden äußeren Drittel zuerst zur Mitte. Die so entstandene längliche Serviette bekommt dann noch zwei Kniffe, die als Einstecktasche für die Platzkarte und die Menüfolge dienen. Damit das besser hält, ist es sinnvoll, die Kniffe mit einem Bügeleisen zu fixieren.

Das Verwöhn-Menü

Dieses Menü ist schon recht arbeitsintensiv – aber Ihre Gäste werden es Ihnen mit Standing Ovations danken. Für die Fischpäckchen brauchen Sie Lust zum Basteln – wenn Sie die nicht haben oder mehr als vier Gäste erwarten, schichten Sie die gebutterten Teigblätter und die Füllung einfach wie eine Lasagne übereinander und schneiden alles nach dem Backen in Rauten. Hübsch dazu: die Polenta-Monde. Der krönende Abschluss: Campari-Orange, hier einmal als Dessert serviert – köstlich!

Der Zeitplan

Am Vortag

› Campari-Gelee herstellen.

3 Stunden bevor die Gäste kommen

› Soße und Füllung für die Fischpäckchen zubereiten.
› Vinaigrette und Ziegenkäsetaler für die Vorspeise vorbereiten.
› Eierlikörsoße rühren.
› Die Hähnchenbrust mit den Knoblauchstiften spicken.

30 Minuten vorher

› Teigpäckchen fertig stellen und in der Pfanne anbraten.
› Backofen auf 220 Grad vorheizen.
› Salat für die Vorspeise putzen.

Wenn die Gäste da sind

› Ziegenkäse überbacken und mit dem Salat anrichten.
› Backofen auf 180 Grad runterschalten.
› Vorspeise servieren.
› Nach der Vorspeise Fischpäckchen im Ofen backen.
› Die Soße zum Fisch mit Paprikawürfeln und Kerbelblättchen erwärmen.
› Fischgang servieren.
› Danach die vorbereitete Hähnchenbrust braten und aus dem Bratensud die Rosmarinsoße herstellen, einkochen lassen. Inzwischen die Beilagen zubereiten (Basmatireis und Lauchzwiebeln).
› Hauptgang servieren.
› Als Abschluss das Campari-Gelee mit Soße und Früchten servieren.

Drei in einem

Glas, Platzkarte und Serviette kommen zusammen auf den Tisch. Eine schnelle, praktische Dekoration, die mit einer edlen Stoffserviette besonders hübsch aussieht. Für die Platzkarte nehmen Sie am besten farbigen Karton, der mit Filzstift beschriftet wird.

Festtagsmenü

Steinpilz-Consommé
S. 45

Hummerragout mit Champagner-Trüffel-Soße
S. 84

Mariniertes Rinderfilet
S. 60

Preiselbeer-Sorbet
S. 101

Beschwipste Schokotütchen
S. 100

Hier werden alle Register gezogen! Beste Zutaten geraten mit tollen Rezepten und ein wenig Fingerspitzengefühl zum absoluten Genuss. Es gibt sogar, wie in der Sterne-Küche, ein Pre-Dessert zur Einstimmung auf den krönenden Abschluss!

Der Zeitplan

Am Vortag

- Schokotütchen herstellen.
- Preiselbeer-Sorbet zubereiten und einfrieren.
- Fleisch marinieren.
- Steinpilz-Consommé kochen.
- Sahne und Schokolade aufkochen und kalt stellen.

3 Stunden bevor die Gäste kommen

- Suppengrün für das Rinderfilet putzen und in Würfel schneiden.
- Für das Hummerragout das Gemüse blanchieren und die Champagner-Trüffel-Soße vorbereiten.
- Hummer aus dem Panzer lösen. Die vorderen Hummerschalen für die Dekoration beiseite legen.

20 Minuten vorher

- Filet und vorbereitetes Suppengrün nacheinander anbraten und in die Fettpfanne des Backofens legen.
- Backofen auf 180 Grad vorheizen.
- Consommé erwärmen.
- Pilze in Scheiben schneiden.

Wenn die Gäste da sind

- Fleisch in den Ofen schieben.
- Consommé mit den Pilzen servieren.
- Danach Gemüse, Trüffel und Hummer in der vorbereiteten Soße erwärmen. Das Hummerragout fertig stellen, mit den Hummerschalen dekorativ anrichten und servieren.
- Danach für den Hauptgang die Soße zum Rinderfilet zubereiten.
- Fleisch aufschneiden und mit der Soße servieren.
- Als Pre-Dessert das Preiselbeer-Sorbet in Gläsern anrichten.
- Für das Dessert die Schokoladensahne steif schlagen und in die Schokotütchen füllen. Mit Kirschen und Melisse garnieren.

Schwimmende Lichter

Festlicher Glanz kommt mit kleinen Schwimmkerzen auf den Tisch. Hier sind sie in verschiedene Gläser, das können ganz einfache sein, mit Wasser gesetzt. Sie können die schwimmenden Lichter entweder auf der ganzen Tafel verteilen oder als Gruppe auf dem Tisch dekorieren. Schön macht sich ein Efeuzweig dazwischen.

Nicht jeder hat große Tafeltücher im Schrank, wohl aber schlichte weiße Bettlaken. Die eignen sich wunderbar als Tischtücher, vorausgesetzt, sie sind perfekt gebügelt.

Planwirtschaft

Organisation ist nicht alles, aber sie erleichtert die Vorbereitung auf einen schönen Abend mit Gästen erheblich. Die Zeitpläne für die einzelnen Menüs haben wir schon vorbereitet. Sie sollten Ihre Arbeitsabläufe aber auf jeden Fall noch einmal individuell strukturieren.

Oft sind es Kleinigkeiten, die einen kurz vor Eintreffen der Gäste aus der Fassung bringen können. Deshalb geben wir Ihnen hier eine kleine hilfreiche Checkliste, die Sie einfach abhaken können:

› Ist die Geschirrspülmaschine ausgeräumt? Falls Sie keine Maschine haben, stellen Sie eine Klappkiste oder einen Wäschekorb für gebrauchtes Geschirr bereit.
› Ist der Mülleimer ausgeleert?
› Sind Gläser, Teller, Platten, Schüsseln und Besteck blitzblank?
› Ist der Garderobenständer leer und gibt's genug freie Bügel?
› Sind genügend Vasen für mitgebrachte Blumensträuße vorhanden?
› Ist die Gästetoilette okay? Sind genug Handtücher da? Zur Not tut's auch eine Rolle Küchenkrepp mit einem Papierkorb.
› Ist die Tischwäsche sauber und gebügelt?
› Ein kleiner Tisch mit einem weißen Tischtuch oder ein Teewagen ist sehr nützlich, um schnell mal etwas abstellen zu können.
› Die Teller für das warme Essen sollten vorgewärmt sein. Das geht im Backofen bei 75 Grad. Wenn der belegt ist, stellen Sie die Teller in die saubere Geschirrspülmaschine und stellen das Programm auf »Trocknen«.

Vorfreude auf die Gäste: Nehmen Sie sich Zeit, den Tisch mit Ihrem schönsten Geschirr und Besteck zu decken. Kerzen und Blumen lassen den Tisch richtig festlich wirken.

Die Getränke

Prüfen Sie den Wein vor dem Ausschenken. Sicherheitshalber sollten Sie ein paar Flaschen mehr besorgen. Denken Sie daran, die Weine rechtzeitig zu temperieren. Ist der Kühlschrank voll, können Sie die Getränke auch in einer Plastikwanne mit Eiswasser kühlen. Gute Rotweine sollten Sie ein bis zwei Stunden vor dem Ausschenken öffnen und eventuell in eine Karaffe umfüllen (dekantieren).

Die Gläser für den Aperitif, Sektflöten oder Sherrygläser, stellen Sie am besten auf ein Tablett, dann können Sie die Getränke gleich anbieten. Sorgen Sie auch für eine alkoholfreie Alternative. Stellen Sie zum Essen eine Karaffe mit frischem Mineralwasser auf den Tisch, dann können sich die Gäste selbst bedienen.

Gibt es noch Espresso oder Kaffee, sollten Sie dazu ein paar kleine Leckereien wie Trüffel, Geleefrüchte oder feines Gebäck anbieten.

So ein Käse!

In unsere Menüfolge passt natürlich auch ein Käsegang. Der wird üblicherweise vor dem Dessert serviert. Auf einem kleinen Käseteller sollten je ein Stück Hartkäse, z. B. ein Greyerzer, Comté, alter Gouda oder Parmesan, ein Stück Brie oder Camembert, ein Stück Ziegenkäse, z. B. Ziegenrolle oder Ziegenfrischkäse, und etwas Blauschimmelkäse wie Gorgonzola oder Roquefort liegen. Pro Person sollten Sie etwa 80 bis 100 Gramm Käse insgesamt rechnen. Dazu schmecken Nüsse, etwas Obst oder ein paar Trockenfrüchte einfach wunderbar.

Rezeptregister

(v) *vegetarisch*

Unsere besten Tipps

ISBN 3 8094 1795 5

Herausgeberin: Anne Volk
Koordination: Christine Tsolodimos, Regine Gamm
Redaktion: Karin Schanzenbach, Regine Gamm
Redaktion dieser Ausgabe: Anja Halveland
Fotos: Thomas Neckermann, Hamburg: S. 2/3, S. 6/7, S. 8 rechts, S. 9, S. 11,
S. 49, S. 87, S. 124/125, S. 127, S. 137, S. 141, S. 157 Mitte
Johannes Caspersen, Hamburg: S. 1, S. 5, S. 156, S. 157 links und rechts
Gabi Zimmermann, Hamburg: S. 139, S. 145
Faber & Partner, Düsseldorf: S. 8 links
Alle anderen Fotos: Klaus Willenbrock, Hamburg
Food-Styling: Nicole Müller Reymann, Hamburg
Layout + DTP: Petra Zimmer, Idstein
Reproduktion: Zeller & Lorenz, Inning a. A.
Umschlaggestaltung: kraxenberger konzept & design, München
Umschlagfotos: Klaus Willenbrock, Hamburg

Druck und Bindung: Neografia, Martin
Printed in Slovakia

121/116560102X817 2635 4453 6271